TABLEAU POLITIQUE

DE L'EUROPE

AU COMMENCEMENT DU XIXe SIÈCLE.

TABLEAU POLITIQUE

DE L'EUROPE

AU COMMENCEMENT DU XIXe SIÈCLE,

ET

Moyens d'assurer la durée de la paix générale ;

Par ESCHASSERIAUX aîné, Tribun.

Fidèle à ses vœux et à ses promesses, le Gouvernement n'a cédé ni à l'ambition des conquêtes ni à l'attrait des entreprises hardies et extraordinaires. Son devoir étoit de rendre le repos à l'humanité, et de rapprocher par des liens solides et durables cette grande famille européenne dont la destinée est de faire les destinées de l'univers.
Proclamation des Consuls pour la paix.
18 brumaire.

PARIS,

BAUDOUIN, Imprimeur de l'Institut national,
rue de Grenelle-Saint-Germain, n°. 113

PLUVIOSE AN X.

Vous que l'amour de l'humanité et le génie ont rendus célèbres parmi les hommes et chers à tous les siècles, qui répandîtes sur vos semblables vos lumières et vos bienfaits, Las-Casas, Henri IV, l'Hôpital, Saint-Pierre, Rousseau ! vous qui conçûtes le plus beau des projets qui ait été inspiré à la philosophie, celui de détruire l'horrible fléau de la guerre, par la création d'un pacte fédératif qui eût assuré le repos de la plus belle partie du monde, c'est à vous que je consacre ces pensées ! Que du fond de la tombe votre pacifique génie s'élève pour animer encore les générations présentes et les chefs qui les gouvernent ! qu'ils puissent lire dans les grandes lumières de l'histoire, et dans le tableau des révolutions politiques, une des causes des maux qui ont désolé les générations précédentes !

Vous qui délibérez chaque jour sur la destinée des peuples, qui pouvez par un seul acte de votre puissance opérer leur bonheur ou leur infortune, mais qui leur redevez tant de biens, et pouvez leur donner tous ces biens en les affranchissant pour jamais des malheurs de la guerre, je vous consacre aussi cet écrit !

Je le présente à votre pensée sur-tout, premier magistrat d'un peuple libre ; c'est à vous qu'est réservée la nouvelle gloire de réaliser les conceptions généreuses des grands hommes qui vous ont précédé dans les siècles ! c'est à vous de rendre pour toujours durable la paix que vous venez de donner au monde, de rallier les nations que tant d'intérêts et de haines ont divisées et ensanglantées jusqu'ici : achevez ce mémorable ouvrage..... Il n'est point sur la terre d'hommages dignes de celui qui aura arrêté l'effusion du sang humain, et tari pour jamais la source des larmes des nations ! Heureux si les idées que je vais tracer dans cet écrit, peuvent un jour servir l'humanité !

TABLEAU POLITIQUE

DE L'EUROPE

AU COMMENCEMENT DU XIX.e SIÈCLE,

ET

Moyens d'assurer la durée de la paix générale.

———

L'histoire n'offre point un tableau d'événemens aussi variés, aussi pressés, que ceux qui ont agité l'Europe depuis dix ans; ces dix ans sont des siècles : guerre d'opinions, d'indépendance et de commerce; coalitions, confédérations, envahissemens, colonisations, création d'Etats nouveaux, d'anciens Etats engloutis : tels sont les événemens sortis tout-à-coup du sein de la grande révolution qui a ébranlé le continent, et qui se sont rapidement succédés sur ce théâtre mobile. Pour leurs droits, pour leur existence, pour leurs desseins personnels, presque toutes les puissances sont descendues ensemble et tour-à-tour sur le champ de bataille; trésors, armées, ont été plusieurs fois consumés dans cette lutte, la plus sanglante, la plus opiniâtre dont les âges aient gardé la mémoire, jusqu'à ce que de grandes défaites et de grandes victoires aient forcé les belligérans à la paix.

A peine un traité solennel avoit éteint les hostilités sur une partie de l'Europe, qu'on les a vues se rallumer bientôt sur une autre. Du Rhin et de l'Italie, un nouvel incident a transporté la guerre sur les mers du Nord; de nouveaux différens étoient remis au sort des armes, lorsqu'un instant a vu dissoudre cette confédération armée pour la plus juste des causes, l'indépendance des mers. Cinq mille hommes ont péri pour une question de droit public : le combat de la Baltique a achevé de sceller enfin la paix du continent.

Au milieu de ces grands événemens qui ont balancé tant d'intérêts, occupé tant de pensées, et que l'historien redira à la postérité, tous les regrets des ames élevées sont restés attachés à cette Egypte, dont les destinées devoient changer celles d'une partie de la terre, et ouvrir aux nations de l'Asie et de l'Europe une nouvelle route vers les arts du commerce et de la civilisation. Pour la politique et la philosophie, la tentative de coloniser l'Egypte marquera, parmi les événemens de l'histoire, comme une des plus belles entreprises du siècle et des plus honorables pour la nation et le génie qui l'ont conçue. L'Egypte a été d'un grand poids dans la balance des négociations qui ont amené la paix. Mais la politique et l'humanité pleureront long-temps la perte de cette contrée, qui semble n'avoir fixé un moment les espérances de l'avenir, que pour rentrer dans la nuit de la superstition et de la barbarie. Tel est le sort des choses humaines. Des invasions qui ont ravagé la terre, et l'ont plongée long-temps dans la servitude, ont réussi ; des entreprises qui l'auroient civilisée et agrandi ses destinées, ont péri, et reculé pour des siècles son bonheur.

A ces événemens qui retentissent encore près de nous, venoient se mêler cependant quelques inquiétudes. Deux grandes nations restoient armées sur le théâtre de la guerre ; quelques nuages élevés sur l'Empire germanique, quelque défiance entre les deux grands cabinets appelés à régler les droits de ses membres et à rétablir l'harmonie, laissoient encore de l'anxiété dans les affaires du continent; de nombreuses armées, présage toujours certain de quelqu'orage politique, étoient sur le pied de guerre, lorsque tout-à-coup un traité préliminaire a rendu la paix et la liberté aux mers.

Grâces et reconnoissance éternelles au génie pacificateur qui est venu apporter à l'Europe ce consolant traité après dix ans d'hostilités! Mais plus cette paix est nécessaire et précieuse au repos des peuples, plus il est du devoir de l'homme d'état et du citoyen de chercher les moyens de la rendre durable. Ah! quel moment plus propice pour chercher ces moyens, pour faire entendre de grandes vérités, que celui où le silence des passions de l'état de guerre appelle les méditations profondes de la raison et du génie, que celui où l'émulation générale pour le bien public anime par-tout les Gouvernemens; où, au sortir de tant d'orages politiques, ils sentent plus que jamais le besoin de consolider leur existence et le bonheur de leurs peuples contre les dangers nouveaux qui pourroient les assaillir; où, à travers le voile sanglant qui couvre leurs malheurs passés, ils peuvent apercevoir encore les germes qui peuvent les reproduire un jour!

Une grande pacification s'est opérée; mais des élémens qui peuvent la troubler, qu'un instant peut enflammer, subsistent encore au sein de l'Europe.

Je vois des intérêts opposés, des droits indécis, et des prétentions soutenues souvent avec la même chaleur que des droits; je vois le système colonial des puissances, leurs lois commerciales, en un état perpétuel de guerre, l'avide monopole irritant encore la cupidité des Gouvernemens commerçans, prêt à ensanglanter les continens et les mers; des nations les unes dans la dépendance politique, les autres dans la dépendance commerciale d'autres nations; le droit public de l'Europe, sans harmonie avec son état social; des peuples civilisés régis entre eux par des institutions des temps barbares; une diplomatie, jusqu'au jour de notre pacification et des grands principes qui l'ont opérée, inquiète, jalouse, vivant du besoin d'agiter, d'enfanter, sans cesse, de nouveaux desseins; l'indépendance des peuples, leur propriété, leur industrie, sans autre garantie que quelques clauses de quelques traités particuliers, invoquant un droit positif et général qui les protège et les défende; mille causes de guerre, pas un point de ralliement, des flots de sang toujours prêts à être versés pour les plus légers différens : telle est la situation de choses qui paroît menacer l'avenir, si un système politique ne vient détruire tant de causes de divisions, rallier les peuples et les gouvernemens.

La politique, jusqu'ici, n'a su que trop irriter l'ambition, flatter le pouvoir, armer les intérêts des puissances les uns contre les autres. Je voudrois concilier, je voudrois trouver un moyen qui pût désarmer à jamais les nations, et leur inspirer à toutes des raisons de s'aimer et de respecter leur mutuelle indépendance.

Le tableau de l'Europe, dans les temps de révolutions générales, fuit aux yeux de l'observateur, comme le rivage aux yeux du navigateur : au milieu du mouvement qui change et entraîne tout, je tâcherai de fixer les traits et le caractère de chaque état, je tracerai ses changemens et sa position respective. Dans ce tableau, je dirai ce qui est écrit dans l'histoire, dans les événemens et dans la nature des choses. Je suis persuadé que les peuples et leurs gouvernemens, dans l'ordre présent, sont le produit des circonstances, des révolutions qu'ils ont traversées, des obstacles qu'ils ont eu à vaincre; que leur force et leur grandeur, comme leur décadence et leur destruction, sont dans les positions où ces peuples se sont successivement trouvés, dans les élémens dont ils se composent, dans les principes et les hommes qui les dirigent (1).

La situation actuelle du continent n'est pas seulement dans le temps présent, elle est aussi dans le temps passé. C'est là qu'il faut aller prendre, comme à leur source, les gouvernemens divers, pour connoître les révolutions politiques qu'ils ont parcourues, celles qui pourroient les menacer encore, et pour les ramener à un état tranquille et prospère. Puisse un sujet aussi grave élever ma pensée, et le résultat répondre au sentiment qui m'anime!

Il faut remonter à deux siècles derrière nous, à cette époque qui fut comme l'intervalle entre l'état de barbarie et la civilisation de l'Europe.

La Russie étoit presque sauvage : le génie de Pierre Ier n'avoit point encore éclairé ce vaste empire des premiers rayons de la civilisation ; son gouvernement passant tour-à-tour dans les mains de princes barbares qui s'arrachoient la puissance, étoit sans force au-dedans, sans prépondérance au-dehors : deux villes, Nowogorod et Moskou, avoient à peine quelques idées de police.

Le Danemarck ignoroit jusqu'aux élémens de sa puissance maritime : les maîtres du Sund et de plusieurs établissemens coloniaux dans les deux Indes, les Danois, qui viennent de résister avec gloire aux armes britanniques, étoient réduits à quelques bâtimens pêcheurs.

La Suède avoit joui d'une influence et d'une grandeur passagères sous les Wasa, Gustave Adolphe, et Charles XII, pour redescendre, aussitôt après la mort de ce dernier héros, au rang des puissances inférieures.

Cromwel n'avoit point donné encore à l'Angleterre, par son acte de navigation, le commerce, les colonies et les mers ; le pavillon de cette île devenue célèbre n'avoit point été arboré dans les deux mondes.

La Prusse n'étoit alors que l'électorat de Brandebourg, jeté sans système politique et sans prépondérance au milieu des autres états d'Allemagne.

La riche Hollande commençoit à peine à sortir de ses marais incultes : l'industrie batave n'avoit point soumis encore par ses hardis travaux la nature à ses lois, et étendu son commerce sur le globe.

La Pologne brilloit de son dernier éclat sous les Sobieski, et jouissoit seule dans le Nord de cette prépondérance d'un état qui avoit donné des maîtres à l'Empire et à la Russie, et tenoit avec la Suède et le Danemarck, dans le système européen d'alors, la balance du Nord.

Nul système d'alliance, nul état militaire, nulle puissance navale, n'existoient pour le Nord, qui sembloit être isolé du continent, et former à part un autre monde politique.

A l'est de l'Europe commençoit à s'élever sur les ruines de l'Empire, cette maison d'Autriche, dont l'habileté de Charles-Quint avoit créé la vaste domination.

Au midi, Richelieu et Colbert, tour-à-tour par le génie de la politique et de l'administration, avoient assuré à la France la supériorité sur les puissances continentales et maritimes.

Les conquêtes du Portugal l'avoient placé au premier ordre des états, et ses navigateurs parmi les premiers héros du siècle.

Charles-Quint, possesseur de toutes les Espagnes, de l'or du Nouveau-Monde, de presque toute l'Italie et de l'Allemagne, vainqueur de Pavie, avoit déja fait trembler le reste de l'Europe de la crainte de voir se réaliser entre ses mains la monarchie universelle.

Le génie et la valeur des Emmanuel, des Amédée, avoient rendu la Savoie le premier des états d'Italie et la première des puissances du second ordre de l'Europe. On avoit vu cet état braver plus d'une fois les forces de Louis XIV et la tactique profonde de ses généraux.

Venise avoit triomphé de la ligue de Cambrai, et réunissoit, par sa position et par son industrie, tout le commerce du Levant, du Continent, et des colonies de la Méditerranée.

Rome, sans forces, étoit plus redoutable par ses papes que de grands empires par leurs armées ; les autres états d'Italie déployoient dans le commerce, la politique et les arts, le reste d'énergie que leur avoient imprimée les factions et les dissentions civiles qui les agitèrent long-temps.

Les Selim et les Soliman avoient fait de la Turquie, par leur génie et leurs conquêtes, un des empires les plus redoutés de l'univers, et de son alliance un des principaux objets de l'ambition des princes et de la politique d'alors.

Balance, équilibre, politique, forces de terre et de mer, traités, relations, richesses commerciales, dans l'un et l'autre hémisphère, le midi de l'Europe tenoit tout en son pouvoir, tandis que les états septentrionaux se formoient à peine.

Quelles révolutions! quels changemens! quelles lumières pour l'homme d'état!

Qu'apercevez-vous dans ce moment dans presque tout le Nord? A des états naissans ont succédé des gouvernemens robustes, des peuples nombreux, endurcis et guerriers, enhardis par des victoires et des conquêtes, et conduits par un dévouement passif qui tient quelquefois lieu de l'enthousiasme des Républiques. A la tête de ces peuples est la Russie, qui, sortie tout-à-coup de l'état barbare, entrée depuis un siècle dans la carrière des puissances avec toute la force d'un grand empire, avec toute l'énergie d'un peuple neuf et les moyens d'une nation civilisée, a déjà signalé son existence dans l'Europe par le caractère de sa diplomatie, par son influence sur les affaires du continent, et marqué ses conquêtes en Turquie, en Pologne, en Italie, par de grands succès militaires. Ismaïlow, Oczacow, Varsovie, resteront dans les pages de l'histoire comme des monumens terribles de ses victoires. La puissance pécuniaire et fédérative de ses alliés, qui n'ont aucun intérêt de la croiser dans l'exécution de ses projets, qui ont intérêt d'en ménager l'alliance ; son intervention dans la coalition, sa confédération dans la Baltique, sa fermeté dans les grands principes de la liberté des mers, sa loyauté dans ses négociations pour concilier les cabinets : tous ces actes de sa force et de sa politique sont venus étendre et cimenter sa prépondérance dans le Nord et son influence sur le reste de l'Europe. Tel paroît aujourd'hui un des premiers empires du Nord. La nature a réservé à la Russie d'exercer un jour un grand ascendant sur le globe, si les événemens que le temps recèle dans son sein ne viennent pas s'opposer à sa marche progressive (2).

Les heureux auspices sous lesquels s'ouvre le règne d'Alexandre Ier., promettent à cet empire une véritable splendeur, si le prince qui le gouverne sait porter vers la civilisation et l'amélioration de ses peuples le génie que ses deux derniers prédécesseurs avoient tourné vers l'agrandissement et les conquêtes ; s'il embrasse l'invariable politique de n'entrer dans les différens de l'Europe que pour les concilier et se placer médiateur entre les haines nationales et les prétentions des autres cabinets ; s'il aspire au plus beau rôle que puisse jouer le chef d'un grand empire, celui de défenseur de la liberté des mers et de l'indépendance des autres nations ; s'il se pénètre enfin de ces deux grandes vérités, que les convulsions et la dissolution ébranlent, brisent tôt ou tard les plus grands États, et qu'en dernière analyse la postérité juge les chefs des peuples, non pas d'après l'éclat des projets gigantesques qu'ils ont conçus et exécutés sur le sang et les ruines, mais d'après les services qu'ils ont rendus à l'humanité et le bonheur qu'ils ont laissé sur la terre.

Au premier rang des puissances du Nord est la Prusse, que le génie de ses rois a créée, que le même génie porte naturellement à s'agrandir, comme tous les États qui ont eu une foible origine et d'heureux commencemens. La véritable politique ne peut qu'applaudir à la conduite de la cour de Prusse qui, après une guerre impolitique et malheureuse aux premières époques de la révolution, a mieux aimé se retrancher dans une neutralité combinée, que jouer son trésor et ses états au hasard des batailles; qui du fond de son cabinet a observé et suivi toutes les chances qui pouvoient compromettre son existence au milieu des mouvemens divers dont l'Europe a été agitée, depuis dix ans; a su rassembler dans ses mains et faire mouvoir avec habileté les ressorts de cette politique, tout à la fois ferme et conciliante, qui a si heureusement servi ses desseins, cimenté sa prépondérance dans le Nord, et accéléré le retour de la paix générale. Il faut le dire: l'indépendance de la cour de Prusse au milieu des intrigues, des séductions, des partis qui l'ont assiégée et tourmentée pendant la guerre pour l'entraîner dans une nouvelle coalition, ses efforts constans pour rétrécir le foyer de la guerre et en épargner les malheurs à beaucoup d'États, sont un des monumens honorables de la politique. C'est par cette conduite invariable que ce cabinet peut conserver à sa diplomatie un caractère de grandeur et une haute considération au milieu des rivalités et des querelles sanglantes des autres puissances.

Pour quiconque calcule la marche des États, celui de la Prusse est du nombre de ceux que la force de leurs institutions militaires, leur position topographique et l'habileté de leur politique ont destinés à aller à la grandeur. Peu des États qui l'environnent, sous les rapports de leur indépendance, doivent desirer l'agrandissement extraordinaire de cette puissance; tous doivent desirer son affermissement comme la seule barrière, depuis la disparition de la Pologne, capable de sauver le Nord de l'Europe des grandes commotions. Ses rapports et ses craintes le ramènent sans cesse au système des cabinets du Nord; les intérêts de sa conservation, le besoin d'une grande alliance, devroient l'attacher à jamais à la France; mais les traités de cette cour avec la Russie ont quelquefois décélé sa pensée en politique. On se rapproche toujours de celui dont on a beaucoup à craindre.

Au milieu de l'Océan se trouve cette Angleterre, dont le génie de Cromwel a fondé la grandeur et semble diriger encore le gouvernement, que des ministres peu éclairés sur ses intérêts, peuvent porter un moment à tous les mouvemens et les partis de l'ambition, et lancer dans des coalitions funestes à elle-même, mais que de véritables hommes d'état et amis de leur pays sauront toujours ramener à un système de modération et de magnanimité ; cette Angleterre dont une erreur profonde a pu peindre long-temps la fortune suspendue sur les flots et la puissance tombant en ruine, mais qui, si on considère cet État sous tous les rapports de sa force et de ses ressources actuelles, peut armer plus de deux cents vaisseaux de ligne sur les mers, quinze mille vaisseaux marchands pour tous les comptoirs, et lever des armées pour ses expéditions ; cette Angleterre dont le système des lois commerciales est aussi supérieur à celui des autres États que la marine anglaise l'est aujourd'hui sur celle des autres puissances ; qui possède des compagnies de commerce dans toutes les parties du monde, occupe le passage et les postes militaires les plus importans des mers, et compte avec ses trois royaumes plus de la moitié des deux Indes en souveraineté ; cette Angleterre enfin, qui a placé son système d'alliance dans son système pécuniaire, son système pécuniaire dans son commerce, et son commerce dans un des États militaires les plus étendus de l'Europe, en le considérant sous le rapport du nombre de ses vaisseaux de guerre et de sa véritable force belligérante. Voilà sans doute assez de génie et de moyens pour être heureuse et puissante ; pourquoi les nations n'en ont-elles jamais assez pour être toujours pacifiques ? Nations fortes, aimez la paix, vous ferez le bonheur, vous serez l'amour du monde !

Son système de défense, ses rivalités éternelles avec la France, ses besoins commerciaux, ont attaché jusqu'ici l'Angleterre à la politique et à la fortune des États du Nord. Un coup de canon tiré dans la Baltique a été presque toujours un appel aux flottes britanniques : des incidens inattendus, des brouilleries de cours ont dérangé dans ces derniers temps ses rapports.

N'est-il pas de son intérêt aujourd'hui, n'est-il pas de l'intérêt de tous les gouvernemens de sacrifier au desir d'une longue paix la rigueur de ce système qui, selon les convenances de l'ambition et de la cupidité, resserre les relations commerciales et les rapports d'une puissance à l'égard de certains États, pour en accumuler sur d'autres les faveurs privilégiées, et rendre une nation propriétaire exclusive des richesses que la nature semble avoir livrées au commerce libre de tous les peuples; système qui, selon l'expression d'un homme célèbre, a couvert la terre et l'eau de guérites et de barrières, de crimes et de coupables; qui réveille toutes les jalousies, exaspère les haines nationales, arme tous les intérêts, enchaîne toutes les industries, et sacrifie les peuples à l'ambition et à l'avarice d'un seul; système, enfin, que la plume de tous les écrivains économistes et l'expérience ont dénoncé depuis long-temps comme une des principales causes destructrices du commerce et de la plupart des guerres qui ruinent la prospérité des nations.

La paix a été proclamée, elle va être

sanctionnée ; tous nos vœux sont pour qu'elle soit à jamais durable. Puissent les deux nations qui en sont l'objet, ces deux grandes lumières du monde civilisé, qui devroient être le dernier asile des connoissances humaines et des idées de liberté, si jamais par les révolutions, les sciences sociales et libérales venoient à périr sur le reste de la terre ; puissent-elles, abjurant à jamais leurs funestes rivalités, et détruisant dans l'avide monopole et les lois exclusives, le germe des guerres qui les ont tant de fois divisées, ne figurer dans le monde que pour le concilier par leur sagesse et l'enrichir par leur industrie, au lieu de l'ensanglanter par leurs continuels débats !

Non, il ne doit plus y avoir de rivalités entre deux peuples qui ont donné aux autres nations l'exemple d'un égal attachement pour la liberté ! La même religion politique doit à jamais unir les patries des Robertson, des Ferguson, des Montesquieu, des Voltaire et des Rousseau, et de tous ces hommes célèbres dans les arts et dans les sciences, dont l'Europe confond aujourd'hui les noms dans le même amour et dans une égale vénération.

Moins puissans, mais non moins industrieux et belliqueux que ces derniers États, sont, au Nord, le Danemarck et la Suède.

Avant la destruction de la Pologne, la Suède et le Danemarck tenoient avec cette dernière puissance la balance politique du Nord ; depuis la chute de la Pologne, depuis l'agrandissement de la Russie, ces États ont perdu leur ancienne prépondérance, et ne figurent plus que comme les satellites des grands empires qui les avoisinent. Politique, force de terre et de mer, projets, tout en dernière analyse est subordonné à l'influence de ces derniers.

La nature, la bravoure de leurs peuples, avoient appelé la Suède et le Danemarck au premier rang des puissances du second ordre ; la force et les intrigues étrangères qui ont enchaîné leur énergie par des dissentions intestines, les ont presque toujours condamnés jusqu'ici à une nullité réelle.

La conduite pacifique de ces deux puissances, au milieu d'une révolution qui a entraîné tant d'États, sera pour elles une époque à jamais honorable. Elles ne seront libres chez elles, ne recouvreront leur prépondérance, que lorsqu'elles s'uniront pour défendre leur indépendance contre celles des puissances dont elles ont le plus à redouter l'empire. Le jour qui verra sceller cette union sera le jour de leur force et de leur gloire; l'instant où elles se livreront à l'ambition de leurs voisins et consentiront à devenir l'instrument de leur grandeur, sera l'époque de leur perte.

Les grands États peuvent être ambitieux, les États subalternes ne peuvent jamais l'être impunément; tandis que les premiers se battent et se ruinent, sacrifient leur population et leurs trésors, la politique des autres doit être de réparer les maux de la guerre et de prospérer. S'unir de bienveillance avec les autres puissances, appeler les vaisseaux et le commerce de ces puissances dans leurs ports, accroître leur population par l'amélioration de toutes les branches de leurs revenus, étendre leur marine, voilà quelle doit être celle du Danemarck et de la Suède pour arriver au but que nous leur avons indiqué; l'indépendance.

Entre les États du nord et du midi de l'Europe paroît l'Autriche, que la nature semble avoir placé pour en former la séparation et la balance.

L'histoire a dénoncé la vaste ambition de la maison d'Autriche; plus d'un siècle de guerres sur deux siècles de son existence politique vient justifier cette accusation de l'histoire et l'opinion des contemporains : depuis Charles Quint, elle remplit l'Europe de ses projets, et c'est elle qui a joué le rôle le plus opiniâtre dans la coalition : la voix de la politique l'accusa de vouloir dominer sur le continent, comme l'Angleterre sur les mers ; et plus d'une fois elle réunit ses armes à cette dernière puissance, plus d'une fois le repos des peuples a été sacrifié à l'exécution de cette dangereuse entreprise.

Un autre ordre a commencé pour l'Autriche ; sa situation nouvelle, ses nouveaux intérêts, l'affermissement de sa puissance, les changemens survenus en Europe, tout lui conseille de changer le caractère de sa politique et la marche de son ambition, d'oublier ses anciennes rivalités avec la France, et de renoncer à ses desseins d'agrandissement par le système des alliances, des coalitions et des conquêtes · les sages et pacifiques déterminations que son cabinet a prises depuis le traité de Lunéville, décèlent qu'elle est pénétrée de ces vérités.

Long-temps elle inspira la terreur à l'Italie par l'Allemagne et à l'Allemagne par l'Italie, effraya l'Europe entière de sa domination ; long-temps jalouse de relever le trône des empereurs romains, elle aspira à ce titre fastueux qu'aucun prince de l'Europe ne peut plus porter impunément. Ce n'est plus aujourd'hui sur l'Empire, sur l'Italie, ni sur ses anciens domaines de la Belgique, devenus une pomme de discorde et un levier perpétuel de l'ambition, qu'elle doit étendre ses projets et ses regrets ; c'est vers le golfe Adriatique, la Méditerranée, vers le Levant, qu'elle doit porter ses regards ; c'est-là qu'elle doit chercher dans le développement de sa marine et de son commerce, cette prépondérance pour laquelle tant de sang a été versé, tant de trésors ont été consumés sur le continent.

C'est en calculant tout ce qu'il en coûte de dangers et de sacrifices pour aspirer à une grande domination, et les pertes récentes qu'elle a faites dans la coalition, que l'Autriche sentira combien il est plus sûr et plus glorieux à un gouvernement d'être le médiateur et le pacificateur des autres cabinets, que de soulever des tempêtes par sa propre ambition, ou d'être l'instrument mercenaire des vengeances et des ambitions étrangères.

Il est une vérité tracée aujourd'hui pour tous les grands États ; le temps des idées révolutionnaires et des projets de contre-révolution doit être passé : dix ans de guerre ont donné la mesure de toutes les espérances et de tous les efforts. Le fanatisme des opinions politiques, les haines nationales, les idées d'envahissement, de démembrement, embraseroient encore le monde sans fruit pour les peuples ; il doit y avoir aujourd'hui une idée dominante en diplomatie, c'est le respect des gouvernemens établis et de leur indépendance. Cette vérité, une grande République vient de la proclamer en face du monde par la bouche de son premier Magistrat. *Le peuple français considère également toutes les espèces de gouvernement, et desire leur conservation, leur prospérité à tous, non-seulement par le sentiment et l'attente de la réciprocité, mais par un véritable esprit de philosophie et d'humanité.* La fondation d'une pacification durable est donc pour tous dans un système de modération, de magnanimité et de justice politique : tout le reste est sans garantie pour l'avenir.

Que peuvent vouloir les grands États pour

leur bonheur ? L'agrandissement ? Mais l'agrandissement les détruit (3)! Les conquêtes? Ah ! ce n'est point dans les champs de bataille, c'est dans les campagnes et dans les ateliers que germent la force et la prospérité des États ; c'est sur un territoire enrichi par la culture et fécondé par l'industrie, que naissent toujours les nouvelles colonies et de nouveaux domaines. Les conquêtes ! elles mènent quelques'hommes à la gloire, elles ont conduit des peuples entiers à la barbarie et à la servitude.

Un nouveau siècle s'ouvre : chefs des nations, il ne dépend que de vous de lui faire absoudre par la paix et le bonheur du genre humain, les guerres et les malheurs des derniers siècles.

Regardez autour de vous : combien d'améliorations et d'encouragemens sollicitent par-tout les territoires, le commerce et l'industrie ! combien de réformes utiles et graduées invoquent la tranquillité des peuples et la stabilité des États !

C'est dans ces vues sages que l'Autriche doit puiser la véritable politique qui convient à sa nouvelle position.

C'est dans l'exacte exécution du traité de

Lunéville, et dans les nouvelles limites qu'elle lui a tracées, que reposent sa force et sa tranquillité, et qu'elle retrouvera, comme puissance maritime et continentale, le vrai point de grandeur où elle peut aspirer.

Au centre de l'Europe est le Corps germanique, trop foible pour en tenir la balance, qui, par la réunion de ses membres et la masse de ses petits États, pourroit être au milieu des révolutions l'ancre politique du continent ; mais les derniers mouvemens dont il a été agité, les atteintes qu'il a reçues dans son ancienne organisation, font craindre qu'il ne conserve plus bientôt que l'ombre de cette constitution sur laquelle encore il appuie les restes de son ancienne puissance : balancé, pressé entre les deux grands États qui le dominent, le dernier acte de cette puissance sera de devenir libre, ou de s'enchaîner au char de celui qui aura en sa faveur la politique, la force et la victoire.

Sur la même ligne, au centre, est l'Helvétie. Généreux enfans de Guillaume Tell, les Suisses ont montré qu'ils étoient dignes de cette célébrité si bien méritée par leur amour pour la liberté et leur bravoure dans les combats; mais ils ont aussi prouvé que la fortune abandonne quelquefois les États les plus affermis, et qu'ils pouvoient être vaincus sur ces mêmes rochers d'où ils précipitèrent les satellites du despotisme autrichien, et se proclamèrent nation indépendante. Les beaux temps de l'indépendance de la Suisse et du Corps Germanique ont toujours été ceux de leur alliance et de leur amitié avec la France.

Je viens de tracer la situation des États du Nord, et ce système politique qui embrassant la réunion de grands moyens, et soutenu par une vaste ambition, a enfanté depuis un siècle des guerres et des coalitions funestes à l'indépendance de l'Europe. Les évènemens l'ont dissous, des événemens imprévus peuvent le reproduire encore, et avec lui les déchiremens qui ont versé tant de sang : c'est au génie de la politique à prévoir tous les dangers que peut encourir l'indépendance des peuples.

Comparez à présent à l'état du nord, celui d'une partie du midi de l'Europe. Qu'y voyez-vous ? des gouvernemens foibles, la plupart stationnaires ou rétrogrades, sans système politique entre eux, presque sans rapports communs, et livrés souvent à des intérêts étrangers; leurs peuples, avec tous les moyens de redevenir grands, déchus de leur antique énergie de caractère, et déshérités par la perte de leurs anciennes institutions, de cette force de génie qui porte les hommes avec ardeur aux grandes choses.

Au milieu de ces États, l'Espagne est le seul qui conserve quelqu'attitude de grandeur, des vues d'une saine politique. Les derniers événemens qui ont agité l'Europe, ont fait sentir à cet état le besoin d'un système fédératif, d'une grande prépondérance dans le midi (4). Mais, pour les hommes qui observent la marche des Gouvernemens, l'Espagne est bien loin encore de cette antique vigueur nationale qu'elle eut au temps de Charles-Quint, et qu'elle ne peut retrouver que dans la régénération de ses institutions, dans un bon système d'économie. De grands écrivains ont déja signalé les vices de son administration, et les moyens de rendre la vie à toutes les parties de son existence politique. Il faut le dire : la situation de sa marine, de son commerce et de son agriculture, la langueur de sa population, décèlent de la foiblesse dans les ressorts de son Gouvernement. C'est en ravivant les sources de la force et de la richesse de tout état agricole, manufacturier et maritime ; c'est en confondant sans cesse ses intérêts avec ceux de la République française et en suivant ces sages maximes, que cette nation franche et généreuse, cette précieuse alliée de la République, avec qui elle a tant de fois déja uni ses destinées, reprendra le sentiment de cette énergie nationale qui honore les pages de son histoire, et les moyens qui peuvent la conduire à son ancienne splendeur.

Avant l'expédition des armées réunies de la France et de l'Espagne, le Portugal n'existoit plus que par et pour l'Angleterre. Les anciens traités par lesquels cet État s'étoit vendu à cette puissance, les traités plus récens par lesquels il venoit de se lier avec la Russie, annonçoient qu'il ne pouvoit plus se fier à lui-même du soin de sa sûreté et de son indépendance. La République française et son allié viennent de l'arracher à ses maîtres, de venger sa longue humiliation. Mais ce n'est que par ses propres forces qu'il pourra reconquérir sa liberté politique et se replacer parmi les puissances indépendantes, et cette liberté ne renaîtra que lorsqu'il aura retrempé son Gouvernement par des principes et des maximes d'État qu'il avoit perdus dans son asservissement à l'Angleterre ; que lorsqu'il pourra ressaisir cet enthousiasme pour les grandes choses que surent lui inspirer ses premiers rois ; que lorsqu'il verra regermer dans son sein les sciences et les arts, qui créèrent sa navigation et éclairèrent les pas hardis des Albukerque, des Vasco de Gama, sur les routes inconnues du Nouveau-Monde ; que lorsque quelqu'homme d'État osera faire pour sa patrie ce que voulut tenter dans des temps plus près de nous un Ministre célèbre, le marquis de Pombal.

L'établissement d'une nouvelle République en Italie, est le premier pas que vient de faire cette peninsule fameuse vers sa régénération; mais elle a perdu la seule occasion qu'elle eût trouvée depuis quinze siècles, de redevenir la terre des hommes libres. Cette précieuse partie de l'Europe, dont le sentiment de l'indépendance auroit dû rallier soudain toutes les contrées de son territoire, n'a pu développer et a vu s'éteindre en un instant les germes de la liberté, que la révolution française et la victoire avoient jetée dans son sein. Plus forte que le monde entier lorsqu'on la vit réunie sous un Gouvernement ferme et indivisible, elle n'offre plus aujourd'hui, comme avant la révolution, qu'un assemblage de petits États dont la dissonance et la foiblesse seront une proie éternelle pour toutes les ambitions qui voudront la troubler ou l'envahir. Les changemens qui viennent de s'opérer dans ses organisations politiques changeront-ils sa situation ? Pouvoit-elle, dans l'état où elle se trouvoit après tant de convulsions et d'épuisement, recevoir des organisations meilleures ? c'est ce que l'avenir seul peut apprendre. C'est vers la République cisalpine que le reste de l'Italie doit aujourd'hui porter ses regards et ses espérances. Si ce nouvel État formé au sein des orages, répondant aux grands desseins du génie libérateur qui l'a lancé dans le monde politique après lui avoir donné la liberté et l'indépendance, peut consolider son existence sur la triple base des mœurs, d'une ferme et invariable politique et de bonnes lois économiques, il deviendra le rempart et l'appui de l'Italie.

Que doivent faire les chefs des autres

Gouvernemens qui régissent le reste de cette contrée ? C'est de concilier les esprits que les différentes réactions de la révolution qui s'est opérée dans son sein, ont effarouchés; c'est d'améliorer le sort des hommes; c'est de leur inspirer ces vertus publiques qui forment les grandes ames, et qui font croire encore à une patrie, lors même que l'on ne jouit pas de tous les avantages de la liberté. C'est par cette modération nécessaire à tout État irrité et fatigué par les longues crises d'une révolution, que l'Italie pourra espérer de revoir cette tranquillité dont elle fut long-temps privée, et reprendre assez de force pour la mettre à l'abri de l'ambition des grands États et des révolutions nouvelles.

Depuis cent ans la seule jalousie et la rivalité des puissances ont maintenu la Turquie en Europe; la civilisation de cette partie du monde semble repousser cet état réservé à subir un jour la destinée de tout empire qui n'est plus en harmonie avec les institutions sociales des autres peuples. Cet État, jadis la terreur et le maître de l'Orient, qui brava, sur la fin du dernier siècle, une partie des forces de l'Europe conjurées contre lui ; qui, sous les Mustapha et les Mohamed, parut avec éclat au rang des premières puissances; cet État qui récèle d'ailleurs dans son sein tant de germes de destruction , semble se précipiter insensiblement lui-même vers sa chute. Sa politique irréfléchie, en le jetant un moment dans les bras de ses enncmis naturels, n'a fait qu'irriter encore davantage l'ambition qui doit le dévorer un jour. C'est dans ses anciennes alliances, dans les alliés les plus intéressés à sa conservation, que cet empire trouvera toujours le plus fidèle et le plus ferme appui. Le rétablissement de la paix et de ses rapports naturels vient de lui en assurer la durée.

La philosophie avoit formé un vœu depuis long-temps ; la politique l'a entendu et n'a osé l'exécuter. Ah ! qu'il soit enseveli à jamais ce vœu, si pour être réalisé il devenoit une nouvelle pomme de discorde , et devoit coûter encore du sang et des larmes aux nations ; si les plus belles contrées de l'Europe ne revoyoient un moment le jour de la liberté et de la civilisation , que pour retomber bientôt de révolutions en révolutions sous le joug affreux d'un autre despotisme ! Mais si la politique ne peut faire pénétrer ici aucun conseil salutaire dans un empire que tant de préjugés rendent inaccessible aux grandes vérités qui éclairent les peuples civilisés, qu'elle puisse du moins le porter, tant pour l'humanité que pour son intérêt, à adopter un jour un droit des gens plus conforme à celui des autres nations.

On peut voir dans le tableau comparatif que je viens de tracer, les révolutions qui peuvent menacer une partie du midi de l'Europe.

Trois barrières la défendoient autrefois contre les envahissemens. Les unes avoient un grand poids dans la balance politique ; les autres, dans l'opinion. Ces barrières étoient la Pologne, la réputation de l'invincibilité des Suisses, l'inviolabilité du Corps germanique. Les événemens ont détruit ces illusions qui formoient jadis en Europe une espèce de puissance imposante et respectée.

Au milieu de ce torrent d'événemens qui ont changé, dans dix années, la face du continent, et ont déja entraîné leur souvenir loin de nous, on se rappelle à peine que la Pologne ait existé.

La Suisse isolée, obligée souvent de défendre son indépendance contre les États qui l'avoisinent, n'offre plus un point de résistance dans les grands mouvemens qui peuvent agiter l'Europe. Le Corps germanique, divisé d'intérêts, et foible, soumis à l'antique habitude de plier sous la loi du plus fort, et perdu, pour ainsi dire, dans l'équilibre général, suit aujourd'hui l'ambition, la politique et la fortune de deux grandes puissances qui ouvrent et ferment à leur gré les barrières de l'Allemagne.

D'autres causes secondaires concourent à précipiter les changemens que l'avenir prépare. Il est une époque où, parvenues à un certain degré de force et de prospérité, les Nations sentent le besoin de porter ailleurs l'exubérance de puissance qu'elles ont acquise. Cette époque qui couvrit autrefois les côtes de l'Océan des établissemens et des colonies des peuples navigateurs et commerçans de la Méditerranée, semble arrivée pour les marines du Nord.

Trop resserrées aujourd'hui dans l'étroite enceinte de la mer Baltique, et s'agrandissant chaque jour, leur développement, les besoins d'établissemens de leurs Gouvernemens, l'appas des richesses commerciales qui font la force des États, les appellent dans d'autres mers, dans d'autres climats.

La Méditerranée, le Levant, sont devenus, dans les temps modernes, l'objet de l'ambition des puissances qui n'ont point d'établissemens dans les Deux-Indes, ou de celles dont les projets sont d'accumuler les trésors des Deux-Mondes.

L'époque n'est pas éloignée peut-être où l'ambition guerrière et le génie du commerce, fatigués depuis deux siècles de conquérir et d'exploiter l'Amérique à travers tant de dangers, d'engloutir la population dans l'abîme des mers, ou la jeter sur des climats dévorans, vont rouvrir aux Européens une route moins périlleuse, vers le cœur de la vaste et populeuse Asie, et redemander avec les produits de leurs arts, à l'avidité indienne cet or qu'elle a absorbé depuis la découverte du Nouveau-Monde : cette route, la conquête de l'Égypte l'a montrée à tous les peuples navigateurs.

Au milieu de ce mouvement des États, qui conduit les uns à la grandeur, entraîne les autres à la décadence, je dois examiner ce que les uns ont perdu, ce que les autres ont gagné. En examinant le cours des événemens, je vois la conquête et l'envahissement marcher, depuis quelques siècles, du nord au midi ; des États enrichis, agrandis ; les autres en partie détruits ou dépouillés de quelques branches de leur antique domaine.

Dans le Nord, la Russie a conquis une partie de la Pologne et presque toute la mer Noire, le tiers de son Empire est formé de ses conquêtes, et son territoire entier forme aujourd'hui la moitié de l'Europe et presque le tiers de l'Asie.

La Prusse s'est agrandie de la Silésie, a démembré la Pologne, accru sa marine et sa navigation fluviale.

La puissance britannique est autant aujourd'hui dans les Indes que dans Londres.

L'Autriche compte, parmi ses nouveaux domaines, les débris du territoire polonois, Venise, et la Dalmatie.

Dans le Midi, le Portugal a perdu une partie des immenses colonies que lui avoient conquises ses premiers navigateurs, l'autre partie étoit asservie à l'Angleterre.

De tout ce qui obéissoit en Amérique à Charles-Quint et à Philippe II, il ne reste plus à l'Espagne que des grands pays incultes, des mines épuisées, et la douleur de voir, dans l'un et l'autre continent, les Anglais à ses portes.

Les plus belles provinces de la Turquie sont tombées au pouvoir des Russes.

Chaque siècle l'Italie a vu et verra entrer tour-à-tour les puissances armées sur son territoire ou dans ses ports, jusqu'à ce que, fatiguée d'obéir à vingt maîtres, elle soit devenue la province d'un grand État, ou entièrement indépendante.

La fortune qui déplace à son gré la force, la puissance, et la civilisation, ne changera pas de long-temps cet ordre de choses, et ne fera pas remonter une révolution que la force des événemens amène à grands pas. Tout dans le monde a ses lois.

Jamais les coalitions offensives ne peuvent partir du Midi; jamais les peuples qui tiennent les sources des richesses, les contrées de la fécondité, de l'industrie et une température heureuse, ne se coalisent contre l'indépendance des peuples que la nature a placés sur des territoires infertiles et sous un ciel rigoureux : c'est vers le Nord que doivent se tourner aujourd'hui les regards et la pensée de l'homme d'état.

Parmi ces États divers dont nous venons de tracer le tableau, est cette République française qui n'a eu besoin que de sortir, à la voix de la liberté, de la léthargie des siècles monarchiques, pour être grande et puissante sur la terre, qui a jeté dans tout le continent l'éclat de ses victoires et la force de ses principes ; a imprimé à l'opinion, à ses alliés, à ses ennemis, à son siècle, le sentiment de sa propre grandeur, et s'est élevée par ses propres moyens à un rang où il n'a été donné jusqu'ici à aucun État de parvenir en si peu de temps. Assise maintenant au milieu des limites formidables et des alliés que lui ont conquis son génie et sa valeur, contente de ses destinées de gloire et de puissance, c'est à elle qu'il appartient d'empêcher toutes les révolutions qui pourroient avec le temps détruire toutes les grandes idées de civilisation : placée, comme par la nature, pour être le médiateur et le régulateur des différens et des mouvemens qui peuvent agiter l'Europe, elle seule peut la sauver, en ralliant à elle, dans un système commun de confédération défensive, tous les États qui veulent garder leur indépendance à l'abri des révolutions, et leur territoire de l'envahissement.

La dernière pacification vient de jeter une vaste digue contre les révolutions politiques qui menaceroient encore de bouleverser le continent. Les traités de Westphalie, des Pyrénées, d'Aix-la-Chapelle, de Nimègue, de Ryswick et d'Utrecht, ont marqué parmi les traités qui ont terminé les longues querelles des puissances. Mais la dernière paix continentale sera célèbre parmi les grandes transactions des peuples, parce qu'en constituant de nouvelles Républiques, et créant de nouveaux rapports d'alliance et de défense, elle rétablit l'ancien équilibre que la chute de plusieurs États et l'agrandissement de quelques puissances avoient détruit; parce qu'elle pose par cette révolution nouvelle dans le système politique les premières bases d'un ordre dans lequel, après tant de convulsions et de malheurs, les nations et les gouvernemens pourront se reposer quelqu'intervalle.

Elle est célèbre encore sous des rapports non moins intéressans ; parce qu'en consacrant les droits et l'existence politique d'une grande nation, elle stipule deux choses bien rares dans l'histoire des transactions des puissances entre elles, les intérêts des vaincus et l'indépendance des peuples, et donne au monde un exemple éclatant de l'invincibilité d'un État qui combat pour sa liberté.

Le passé révèle de temps en temps de grandes vérités à l'avenir ; ces vérités ne peuvent être démenties par ceux qui ont suivi le cours des affaires humaines.

La guerre par ses succès vient d'assurer nos libertés et l'indépendance d'un grand peuple ; mais, malgré l'éclat de nos victoires, elle seroit l'époque d'une grande calamité si après avoir, par sa nature et par ses circonstances, inspiré aux cabinets pendant sa durée, toutes les passions et les idées de l'ambition, placé les gouvernemens en présence, exalté les haines nationales, et décimé la portion virile de la population européenne, elle n'avoit pas de résultat plus heureux que toutes les guerres précédentes ; et si la sage politique qui a tracé les derniers traités, ne se hâtoit de créer et de coordonner, sur l'intérêt général, un système durable de pacification qui empêche le retour de tant de guerres sanglantes, et garantisse à chaque État son territoire et son indépendance contre les destructions et les envahissemens.

Oui, il faut le dire : instruites par la longue expérience des malheurs, et à l'époque de civilisation où elles sont parvenues, les nations doivent avoir appris ce qui convient aujourd'hui à leur conservation et à leur bonheur.

Trois grands intérêts pressent le monde : sûreté, indépendance et civilisation.

L'Europe n'est pas plus avancée qu'au quinzième siècle, si les puissances qui influent le plus, par leurs déterminations, sur ces grands objets, ne viennent leur donner, dans ce siècle, une protection solennelle. Le continent seroit réservé à d'éternelles convulsions, si la politique des Louis XI, des Borgia, des Charles-Quint, des Mazarin, etc., devoit encore le gouverner ; si l'art de la diplomatie étoit de troubler, de déchirer le monde pour s'agrandir, pour s'enrichir ; et si l'ambition ou la vengeance devoient diriger encore les ressorts de cette politique aveugle qui a dicté, presque jusqu'à cette dernière pacification, les grandes résolutions des cabinets, et précipité les peuples sur les champs de bataille (5).

Une nouvelle révolution vient de commencer en politique. Une grande nation, et à son exemple, d'autres États dans leurs traités avec elle, viennent de prouver que la véritable diplomatie est aujourd'hui dans des idées élevées et généreuses, et dans une conduite franche et conciliatrice : l'intérêt de la liberté, le sort de la civilisation, la prospérité des nations, tout ce qu'il y a d'hommes libres et éclairés sur la terre, demandent que cette révolution, dans le caractère de la politique, s'achève, et que la destinée des peuples ne soit plus livrée au caprice des passions et au hasard des événemens. Le nom seul des hommes que leurs gouvernemens ont appelés par-tout aax grandes négociations, et les vues pacifiques des cabinets qu'ils représentent, sont une garantie de nos espérances.

Le génie et l'ascendant d'un seul homme ont opéré dans ces derniers temps sans effort, dans les desseins des cabinets et le sort des États, des changemens qui auroient passé auparavant pour un prodige. Il faut que ce qui passoit pour un rêve de la philosophie et de la politique depuis deux siècles, se réalise, et qu'une confédération défensive et générale, appuyée sur un droit positif, appelée par tous les intérêts, consentie par toutes les puissances, en garantissant à chaque État son domaine et son industrie, s'élève contre tout gouvernement qui tenteroit d'opprimer ou d'envahir. Il ne doit plus y avoir que deux sortes de puissances sur la terre : celles qui voudroient pour elles seules la domination et les richesses, et celles qui veulent l'indépendance et la conservation de tous les États ; et celles-ci doivent former la presqu'unanimité.

Il est des vérités auprès desquelles des générations entières passent sans les apercevoir : il n'y a que l'épreuve des malheurs qui les y ramène ; il ne faut pas craindre de les publier (6).

A voir ce qui s'est passé dans les siècles qui viennent de s'écouler, on diroit que les nations manquent d'un point convenu de ralliement, au moyen duquel elles puissent s'entendre, régler leurs intérêts, prévenir et appaiser leurs différens.

Une centaine d'articles devroient former le droit public continental et maritime; il grossit des volumes avec lesquels elles se battent, et ne s'entendent plus. Parcourez les manifestes des États qui se sont déclaré des guerres ; parcourez les mémoires qui ont ouvert les premières négociations de paix, vous verrez cette vérité frappante, vous la verrez dans les prétentions des puissances rivales entre elles, ou dominantes, à l'égard des autres. Quelle disparité ! quelle opposition de règles et de principes ! quelle interprétation étrange de maximes de droit public, pour soutenir ou éclaircir leurs droits particuliers ! On diroit qu'elles ont chacune un code de droit public à part ; et c'est presque toujours la force qui fait prévaloir, en dernière analyse, ses principes et ses maximes.

Honneur, sans doute, à ces traités qui unissent les puissances depuis des siècles ! Il en est que l'ami de l'humanité doit serrer contre son cœur, parce qu'ils ont éteint des guerres sanglantes, et empêché les haines nationales de se perpétuer entre les peuples. Mais quel est le traité qui ait été sacré pour la politique ou l'ambition, et quelle est la sanction ou la garantie générales qui sont venues réclamer et assurer son inviolabilité ? quel est celui qui ait embrassé, concilié tous les intérêts, consacré tous les droits ? quel

4

est celui qui n'ait renfermé souvent plusieurs germes de discordes nouvelles ?

Pour quiconque a suivi, approfondi, et sous tous les rapports, la nature des choses et la marche des événemens, l'Europe paroît ne pouvoir jamais rester long-temps calme sur son ancien système, toujours ébranlé ou renversé par les révolutions politiques et les guerres. Il faut se hâter de l'asseoir sur les fondemens d'un droit public plus général, inébranlable : l'occasion et le temps pressent, l'état relatif des puissances est un état de tranquillité précaire.

Au milieu de la lutte presque générale des gouvernemens qui vont, depuis deux siècles, de tous leurs moyens, de la puissance à la richesse, et de la richesse à la puissance, qui se disputent à l'envi le passage des trésors et des productions industrielles qui circulent dans l'univers, les postes militaires qui les défendent, les territoires qui les produisent, les mers qui les transportent; dans cette lutte ardente où chacun veut avoir de riches métropoles, de vastes provinces, des colonies et une domination dans les deux mondes, où mille intérêts se croisent, se combattent, où chaque demi-siècle voit éclore de nouveaux projets; si les nations ne s'enchaînent elles-mêmes par la force d'un droit public reconnu comme la loi des nations entre elles sur la terre et sur les mers, je ne vois plus encore que d'horribles guerres et un avenir ensanglanté ; je ne vois plus de sûreté pour aucun gouvernement, pour aucun territoire, pour aucune industrie commerciale, aucune garantie pour l'indépendance des peuples. Je les vois dans une situation toujours précaire, qu'un système, une révolution, un homme, peuvent faire changer à chaque instant, et à chaque changement un abîme de guerres ouvert où vont s'engloutir l'or et le sang des peuples; de ces guerres qui font en quatre ans plus de ravages sur la population et les moyens de prospérité des peuples, que des siècles d'une administration vicieuse et de faux systèmes d'économie politique.

C'est en vain qu'on a cherché la paix du monde dans des idées d'équilibre et de balance. Trente millions d'hommes, depuis deux siècles, ont été sacrifiés à ce système d'équilibre rompu toujours le lendemain des traités faits pour le rétablir.

Tout l'art des contre-poids, des alliances, des combinaisons diplomatiques, a été épuisé par les ministres des derniers règnes de la monarchie. Il n'y a pas d'État qui n'ait essayé tous les calculs, sondé tous les systèmes, et passé par les chances diverses de la politique. Allié, neutre tour à tour, et puissance ennemie, il a figuré, par intervalle, avec les autres États, sous tous les rapports et dans tous les sens.

Tous les systèmes politiques et fédératifs n'ont pu procurer dix ans de paix consécutive à l'Europe. Tout change autour des puissances ; les circonstances, leurs intérêts, leurs rapports respectifs, leur position relative avec les autres gouvernemens. La chute ou l'agrandissement d'un État, une guerre, une révolution, une conquête, renversent en peu de temps tous les plans du génie diplomatique et les vaines théories de balance et d'équilibre.

Le court période de dix ans ne vient-il pas de donner un exemple frappant de ces révolutions ? Un instant a rompu tous les rapports, tous les liens des nations, déplacé les alliances ; presque tous les États de l'Europe sont sortis de leur sphère et ont été lancés dans des situations extraordinaires ; tout ordre a été interverti, tout intérêt méconnu, toute règle, tout principe, détruits. Un ennemi naturel est devenu tout-à-coup un allié nécessaire. Le délire de l'ambition à jeté des puissances dans les bras de leur rival ou de leur ennemi. La vengeance a armé des peuples libres contre des peuples qui vouloient l'être. On a vu la liberté servir les projets du despotisme. Des gouvernemens séparés par dix siècles de haines religieuses, ont signé des coalitions. Le même pacte a reçu leurs sermens; le même champ de bataille a vu flotter leurs étendards; et la même ligue offensive a réuni des Turcs, des Papes, des Russes et des Anglais. Un État foible a trouvé dans son protecteur un maître, dans ce maître un tyran. Ceux que la politique et leurs intérêts appeloient à un rôle passif, ont été forcés de monter sur le théâtre de la guerre, et de voir leur existence politique livrée aux hasards des événemens. Plusieurs ont payé leur aveugle sécurité de la perte de leur indépendance, de l'incorporation ou de la conquête; enfin, l'Europe a vu deux grandes coalitions naître et se détruire, renaître et se dissoudre encore, ne laissant après elles que des débris, et la violation de tous les droits et de tous les principes.

Ce période de dix ans n'a présenté que la répétition de vingt autres époques que l'histoire a signalées par les mêmes révolutions.

Mesurez l'espace qui sépare l'époque actuelle du règne de Charles-Quint. Une génération est tombée dans les combats depuis le commencement de la domination de ce prince qui fut un des pères de la politique moderne, de cette politique que l'ambition successive de quelques maisons régnantes et quelques ministres despotes nous a transmise.

Le traité de Lunéville sur-tout a jeté dans l'Europe une vaste base de pacification ; mais ce n'est encore qu'une base.

Assurer d'abord sa propre indépendance, sa sûreté, la défense de son territoire contre les dangers de toute invasion imprévue, c'est le conseil naturel de toute politique éclairée. Le traité a solidement et glorieusement atteint ce but : il fait reposer la République sur ce triple appui de l'existence de tout État.

Mais il est une politique plus habile, plus

élevée encore ; c'est celle qui, franchissant l'horizon des événemens du jour, prévoit, pour en conjurer les dangers, les révolutions et les grands changemens de l'avenir, et sacrifiant toute ambition personnelle, ne voit sa prospérité et l'indépendance d'un État que dans celle des autres États.

Ce fut celle de quelques grands hommes qui, placés à la tête de leur nation, travaillèrent au bonheur du genre humain. Ce fut celle de ce prince qui essaya de lier à l'intérêt de tous, à la sûreté, à l'indépendance générale, la fortune et l'indépendance de chaque État, et auroit embrassé l'Europe dans un système de pacification si la mort ne l'eût enlevé au milieu de ses projets (7) ; projets qui n'ont été combattus que par quelques ministres ambitieux, mais pour lesquels ont voté les Saint-Pierre et les Rousseau ; pour lesquels, au milieu de mille desseins des cabinets que le temps a voués à l'oubli, l'histoire a gardé toujours un profond respect, et dont elle semble avoir légué l'exécution à ce Consul que l'on loue plus dignement en lui présentant une grande idée qu'en lui parlant toujours de sa gloire.

Le génie, n'en doutons pas, de celui qui a négocié comme il a vaincu, s'empressera de saisir un plan de pacification que réclament depuis deux siècles la philosophie et la saine politique. Celui qui a eu la gloire de rallier une grande nation, est digne de concilier à jamais le continent. N'en doutons pas, les autres Gouvernemens se hâteront de le seconder dans ce dessein magnanime, parce que tous sont intéressés à la grandeur et à la prospérité de leurs peuples.

Eh quoi! les arts et la législation des Empires se sont perfectionnés; n'y auroit-il donc que la politique, ou plutôt l'art de pacifier, d'unir la grande famille des sociétés, qui n'auroit fait aucun pas depuis trois cents ans? Le monde doit-il être toujours livré à l'ambition dévastatrice, aux caprices de la force ou de la fortune? Serions-nous réservés à voir peut-être encore dans un siècle ou dans un autre, le temps où un prince aspiroit à la monarchie universelle, où un pape ébranloit l'Europe, où un protecteur s'emparoit des mers par un acte de navigation, où d'autres princes démembroient des Empires, où d'autres envahissoient des Colonies, où la guerre étoit toujours l'instrument terrible de ces ambitions, où les autres Gouvernemens étoient toujours les froids spectateurs des événemens qui devoient les menacer ou les détruire un jour ? Eh quoi ! si les systèmes politiques qui ont régi l'Europe jusqu'ici n'ont pu étouffer le germe de ces guerres qui ont ravagé tant de fois la plus belle partie du monde; si le génie de ces hommes qui ont conduit les cabinets, et des négociateurs qui ont présidé aux grandes transactions, n'ont pu enchaîner les événemens dans l'avenir, faut-il donc renoncer à l'espoir de voir se réaliser les vœux de l'humanité ? faut-il donc abandonner une des plus belles conceptions de l'esprit humain, lorsque la force des choses vient de l'exécuter en partie sous nos yeux ? Un Gouvernement a voulu asservir la navigation des mers à ses lois; une confédération s'est élevée contre lui; il avoit séduit, ébranlé l'Europe : il s'est trouvé seul contre tous. Eh bien ! établissez un droit public sanctionné par la majorité des puissances, protecteur de toutes ; instituez, élémentez une confédération pour le faire respecter et le défendre, donnez-lui une base et des principes, vous aurez un véritable droit des gens et une diplomatie, vous aurez réalisé les idées de trois grands hommes, vous aurez donné une sauvegarde à l'indépendance de l'Europe, toute ambition frémira d'y porter atteinte ; c'est alors que les Gouvernemens et les peuples seront absous du crime de la guerre, et que commencera le pacte fédératif du genre humain.

Ah ! s'il est utile de présenter aux peuples et à leurs Gouvernemens des idées d'une conciliation durable, c'est lorsque le droit de la guerre s'est exercé d'une manière si terrible, que les haines nationales ont été si exaspérées, que la diplomatie destinée à calmer les différens a été long-temps si passionnée ; c'est lorsque la guerre a laissé en huit ans, quatre millions d'hommes sur les champs de bataille, c'est au milieu du plus grand sacrifice de sang humain qui ait jamais été fait, et des plus grandes infortunes qui aient pesé sur le globe en si peu de temps ; c'est lorsque des cris d'extermination proférés tant de fois par l'ambition et la vengeance, retentissent encore dans toute l'Europe ; c'est alors qu'il faut faire entendre les vœux d'une paix durable, universelle. Eh ! quels vœux plus touchans, lorsque ce sont les intérêts sacrés du genre humain que l'on invoque ! Puisse enfin le Gouvernement français qui a posé les bases d'une grande pacification, qui dans ses divers traités a marqué l'entrée de ce siècle par un si beau monument de sa modération et de sa loyauté, offrir à toutes les puissances, en signe d'une éternelle alliance, un système politique qui embrasse toutes les défenses, toutes les sûretés, toutes les garanties pour les nations !

Celui qui aura la gloire d'achever cet immortel ouvrage de la politique, sera le bienfaiteur des peuples; et si jamais fatigués des horreurs et des infortunes de la guerre, ils élèvent un temple à la Paix, le nom de celui qui aura pacifié à jamais le monde, sera révéré et recommandé à la reconnoissance des mortels.

———

Par les divers développemens que j'ai donnés à cet écrit, j'ai voulu prouver la nécessité d'un droit positif, maritime et continental, dont les bases fondamentales soient :
1°. la reconnoissance et la garantie respectives de l'indépendance, de la propriété, de

l'industrie commerciale de chaque état, de chaque nation.

2°. La destruction ou du moins la modification de tout monopole et de tout système de commerce exclusif.

3°. L'uniformité de principes et de rapports pour tous établissemens coloniaux.

4°. L'institution d'une confédération défensive entre les puissances, pour maintenir un ordre de choses fondé sur le droit naturel et sur le droit des gens, et que réclament l'intérêt et la prospérité de toutes les nations.

NOTES.

(1) Une nation que la nature a placée au milieu des mers, aspire sans cesse à en avoir l'empire ; sa puissance est dans ses forces navales ; son commerce ne connoît plus bientôt de bornes que celles de l'univers : une pareille nation a des maximes d'État pour s'enrichir, comme d'autres peuples en ont pour commander. Sa marine, ses principes d'économie, sa législation, son ambition, tout est coordonné et dirigé vers un seul but, la suprématie commerciale. Diviser le continent pour s'emparer des mers, peupler le monde d'établissemens et de conquêtes, rendre les autres nations tributaires de son industrie, et son territoire l'entrepôt des richesses industrielles ; acheter avec son or des alliances, et soudoyer des armées pour soutenir le colosse de sa puissance : voilà sa politique. Sa destinée est de s'élever ainsi, par tous les moyens de prospérité et de force, au dernier période de grandeur, jusqu'à ce que sa population et son gouvernement ne pouvant plus suffire à régir, à garder sa trop vaste domination, ou jusqu'à ce qu'attaquée chez elle par la corruption ou des ennemis puissans, elle succombe enfin, forcée de lâcher l'immense proie de ses conquêtes. Tel fut Carthage ; tel sera tout peuple maritime élevé par les causes que nous venons de décrire à la domination des mers.

L'ambition des peuples continentaux n'est pas la même ; le développement comme les périodes de leur puissance est subordonné à des causes d'une autre nature. L'insulaire qui commande à la mer ne connoît de bornes que les rivages ; un peuple continental, tous les peuples qui l'avoisinent, l'entourent, le pressent et l'arrêtent.

La fortune n'a donné qu'une seule fois à la terre le spectacle d'un peuple porté à l'empire universel à travers les obstacles de la nature et les efforts du monde entier.

Il est des peuples qui, avec des ressources étendues, mais sans l'habileté qui sait les conduire, sont condamnés, par l'empire des obstacles, à une nullité éternelle.

Il en est d'autres qui, avec de foibles moyens, mais par la force de leur génie et des événemens, vont rapidement de la petitesse à la grandeur.

Un État que la nature a circonscrit dans des limites étroites, que la défense de son existence politique a forcé de vaincre des ennemis nombreux et aguerris, sent bientôt le besoin de triompher de tout ce qui s'oppose à sa fortune. S'il arrivoit qu'il fût entouré de petites souverainetés, de peuples corrompus ou divisés, ces peuples et ces pays seroient bientôt soumis à ses lois ; il auroit des maximes d'État, un plan de domination. S'il arrivoit qu'il fût appelé médiateur dans quelques grands différens, il auroit bientôt conquis, par la supériorité de son intervention et l'habileté de sa politique, ce qu'il n'auroit pu gagner par les armes; il sentiroit le besoin d'avoir un grand système fédératif et militaire, une économie sévère dans ses revenus, des principes rigoureux de gouvernement; il chercheroit à devenir une puissance maritime et continentale, à fonder des colonies. S'il arrivoit qu'il eût à sa tête une suite de grands hommes d'État, sa grandeur iroit toujours croissant, jusqu'à ce que le renversement des principes qui auroient élevé ses destinées, les fautes de sa politique, la foiblesse ou le relâchement de son gouvernement, ou les dangers d'une grandeur démesurée, l'eussent ramené au point de médiocrité d'où il étoit parti, par la dissolution ou la conquête.

Une grande ambition marche toujours avec de puissans moyens.

Le premier pas d'un empire qui arrive à la civilisation avec une grande population, est de sentir et mesurer ses forces; le second, de chercher de la prépondérance dans des alliances et dans de vastes desseins; le troisième, de signaler sa puissance par des établissemens et des conquêtes; le quatrième, enfin, est de rencontrer cette vérité éternelle, qu'il est des limites que ne peut dépasser un état, sans tomber dans un abîme de maux.

Il y a eu dans l'antiquité, il y a dans le temps présent des États qui semblent avoir été formés pour parcourir le cercle des chances de la fortune.

Les États qui ont une grande influence ne sont pas toujours ceux qu'on peut accuser d'ambition; lors même qu'ils se relèvent par cette influence qui n'est que le développement de leurs moyens, ils ne font que reprendre leurs droits et leur place naturelle, que des fautes ou une foiblesse de politique leur avoient enlevés. Tel est aujourd'hui une grande République. Semblable à un fleuve que son impétuosité a fait déborder un moment, le besoin de sa défense et l'énergie de sa révolution l'avoient fait sortir un instant de ses limites naturelles. Elle y est rentrée ; elle doit y rester pour son repos et pour celui du monde. Que peut-elle desirer aujourd'hui ? la guerre et de nouvelles conquêtes ? La guerre ne se fait que pour dominer et s'enrichir : qu'auroit-elle besoin de dominer ? trente millions d'hommes obéissent à ses lois. De s'enrichir ? elle possède le sol le plus industrieux et le plus riche de l'Europe. Les peuples qui ont la fécondité et la richesse du territoire ont déja donné la plus solide garantie de leur tranquillité et de leur respect pour l'indépendance des nations. Sa fortune de puissance et de gloire est faite. Que peut-elle vouloir ? Jouir des fruits de son commerce et de son industrie de sa liberté de son indépendance, de ses lumières et de sa civilisation. Voilà sa vraie grandeur ; voilà sa destinée. Mais elle les perdra un jour, quand une insensée ambition la fera sortir de ses belles limites ; quand la foiblesse entrera avec la corruption dans son gouvernement ; quand le peuple aura oublié les grands principes qui lui ont fait faire sa révolution.

Il y a aujourd'hui trois sortes d'États en Europe ; les uns qui tendent, par leur nature, à l'agrandissement : ce sont les États progressifs ; les autres qui en reviennent et ne sont occupés qu'à se défendre. Parmi ceux-ci sont les États stationnaires et rétrogrades ; les autres sont ceux qui ont toujours resté froids spectateurs des événemens : ces derniers sont presque toujours la solde de toutes les révolutions.

J'ai parlé des grands États, parlons des petits.

Un État qui, dès sa naissance, marque par des traits de caractère et la force de ses institutions, qui a lutté avec succès contre l'adversité, est quelquefois plus à redouter qu'un État stationnaire et vieilli. Celui-ci parcourt le dernier période de sa durée. On ne peut prévoir où le premier peut aller, avec l'impulsion des obstacles, le génie de ses hommes d'État, la faveur des circonstances, et sa propre fortune.

Il n'y a dans ce moment en Europe aucun petit État qui signale les commencemens d'un grand empire. La révolution qui a ébranlé le continent a trop averti et puni les petits de leur foiblesse, effrayé leur ambition ; les grandes puissances, à leur égard, sont comme les dieux de l'Olympe qui se battent sur la tête des mortels.

Un empire qui a eu quelque éclat, et qui reste long-temps stationnaire au milieu du cours des révolutions politiques, annonce souvent qu'il a déja perdu les principes d'activité et de vie, qu'il a parcouru les derniers échelons de sa puissance. Il périra un jour, à moins qu'un événement extraordinaire ou que quelque homme de génie ne le rappelle à son principe.

Les grands États se soutiennent par la difficulté de les conquérir; les petits, quelquefois, par leur facilité à être conquis. De-là naît pour eux un principe conservateur ; c'est la jalousie des grandes puissances : dès que cette jalousie cesse, l'ambition prend la place, une coalition commence, et le petit État est englouti ou démembré.

Les petits États peuvent se consoler de n'avoir pas l'ambition de la puissance, parce qu'ils n'en ont pas l'inquiétude et les dangers ; ils peuvent se consoler par la pensée qu'ils ont été membres de grands empires, et que le cours des révolutions des choses humaines doit un jour les ramener à leur place.

Certains États se soutiennent encore par le principe même qui sembleroit devoir les détruire, par l'ancienneté de leurs mœurs et de leurs institutions. Il est des préjugés qui commandent à la raison des peuples. Ce que le temps a consacré arrête quelquefois le génie destructeur et des temps et des hommes.

Il est des États dont l'influence n'est point à craindre dans les chances de la fortune et dans les calculs de la politique ; ce sont les États fédératifs. Nés presque tous de l'oppression, ils semblent n'avoir de génie et d'ambition que pour se défendre et se maintenir, et point pour s'agrandir. Ils jouissent d'une assez longue durée, quand leur destinée ne les entraîne point dans les révolutions, ou ne les a point placés dans le voisinage des grands empires. Les États fédératifs ont trois époques glorieuses ; celle où ils secouent le joug de la tyrannie ; celle où ils se donnent une constitution ; celle où les citoyens s'arment pour défendre la liberté de leur patrie, et descendent pour elle dans la tombe de l'immortalité. Leurs révolutions ont présenté le plus beau spectacle que puisse contempler le philosophe sensible sur la terre : leur époque honteuse est celle où la corruption, la séduction ou l'intérêt, les livrent à un étranger puissant. Il n'y a guère que les États fédératifs extrêmement vertueux qui puissent se garantir de ce danger. J'ai dit que leur fortune, en général, étoit très-bornée. Il en est un qui attire aujourd'hui les regards de tous les amis de l'humanité, qui est appelé, par la nature et par ses institutions, à être un jour, dans une autre partie du monde, le siége d'un grand empire.

Je ne puis laisser ce sujet sans jeter encore ici quelques idées.

Le caractère national et l'état plus ou moins avancé de civilisation différencient les peuples.

Les politiques ont signalé trois choses influentes sur leur existence politique : le climat, le gouvernement, l'éducation nationale. Je compterai une autre cause extrêmement influente sur leur destinée ; c'est l'action des guerres, des révolutions et des conquêtes.

Il n'est point d'État qui, dans un période de sa durée, n'ait subi une de ces trois choses attachées à la nature et à la marche des affaires humaines. Quand leur résultat n'est pas d'asservir ou détruire les empires, elles les régénèrent, les trempent et les fortifient. Un

État qui a résisté à de longues guerres civiles devien^t terrible au-dehors ; c'est Hercule accoutumé à vaincre.

Un État qui fait sa révolution par lui-même, la fait toujours avec éclat et avec succès.

Celui qui fait sa révolution par la volonté ou par la force d'un autre État, ne devient libre un moment que pour tomber dans l'anarchie, dans le despotisme ou dans la dépendance étrangère, parce que la grande puissance révolutionnaire n'est pas dans lui, elle est hors de lui.

On a vu des États révolutionnés et renversés par les révolutions même qu'ils vouloient combattre ; d'autres profondément ébranlés.

Les conquêtes des Attila, des Tamerlans, des Gengiskan, des Mahomet, et des chefs qui conduisirent les invasions du cinquième siècle, ont livré l'univers à la barbarie, aux superstitions et à l'esclavage. L'histoire est soulevée par-tout contre ces destructeurs.

Le génie de quelques conquérans a tiré vingt peuples de la servitude, créé, réformé et civilisé des nations. L'antiquité a pleuré la mort d'Alexandre, et a regretté que les capitaines qui héritèrent de son vaste Empire n'aient pas hérité de son génie, et n'aient eu de l'ambition que l'inquiétude et la foiblesse ; les révolutions qui parcourent la terre n'eussent pas aussitôt plongé dans la barbarie les pays qu'il soumit à ses lois.

Les conquêtes du nord au midi ont détruit les lumières et les arts ; les conquêtes du midi au nord ont civilisé la terre.

On s'est plaint des conquérans et des conquêtes ; il n'y auroit point de conquêtes s'il n'y avoit pas de peuples corrompus ou divisés.

Je parlerois ici d'un autre homme en qui la nature semble avoir fait revivre le héros que je viens de citer, qui a aussi influé sur son siècle et sur une partie de la terre par des conquêtes et de grands changemens politiques ;... mais il est aujourd'hui devant la postérité.

Deux choses souveraines exercent donc et sur les peuples et sur les affaires humaines leur grande influence, et semblent se partager la terre comme un bon et un mauvais principe : ce sont les lumières et l'ignorance. L'ignorance traine les peuples à l'esclavage ; les lumières les élèvent à la gloire et à la prospérité. L'établissement ou la prédominance des nations barbares est le signal de la ruine de toutes idées libérales. La décadence ou destruction d'une nation éclairée de toutes les lumières de la civilisation, est un malheur pour l'état social. Ce malheur est arrivé deux fois dans le monde. Les Romains et les Grecs, qui l'avoient civilisé, lui laissèrent, en périssant, vingt siècles de superstitions et de servitude. L'existence de ces deux peuples ne paroît plus, dans l'épaisse nuit de ces siècles, que comme une lumière qui luit sur des tombeaux. Il a fallu tout l'effort de l'esprit humain, et le bonheur d'une suite d'événemens qui ne peuvent arriver qu'une fois dans le monde, pour sortir de cet état déplorable.

Il est de grands événemens et des découvertes qui ont changé, à de longs intervalles, la face de l'univers. Ces changemens ont été et sont hors du pouvoir des hommes. Je ne parcourrai ici que les causes qui sont dans la puissance et la nature humaines, qui agissent dans tous les temps, dans tous les siècles, sur les destinées des nations, et qui peuvent éclairer les peuples et leurs législateurs. Parmi ces causes, il en est de morales et physiques qui influent plus ou moins lentement sur les États, les élèvent ou les abaissent ; il en est quelques-unes créées par la fortune : la plupart dépendent de la prudence et de l'habileté humaines.

On a vu des États périr ou tomber en pleine décadence pendant plusieurs siècles, par une faute en politique, par la destruction d'un grand établissement ou l'abandon de ses anciennes maximes.

D'autres ont été régénérés par le génie d'un grand homme, ou par une seule institution.

Des États se perdent par l'abus de leur force ; d'autres par l'étendue de leur puissance ; d'autres, parce qu'ils ne savent user ni de leur force ni de leur puissance.

Créer un État est moins difficile que de le conduire. Il ne faut pour l'un que du courage ; il faut pour l'autre toute la force du génie et la magnanimité de la vertu.

Dans la vie politique des États comme dans la vie humaine, il est des positions bien difficiles.

Malheur à ceux qui se trouvent dans la nécessité,

D'être conquérans ou conquis ;

De prendre un parti entre deux grandes puissances belligérantes,

Ou se trouvent placés dans la sphère d'un grand État qui fait sa révolution.

Il faut des chefs-d'œuvres de politique pour sauver leur existence politique ou leur indépendance.

Il n'y a rien de plus difficile à un État qui est parvenu à un certain degré de fortune et de puissance, que de s'y tenir ; le même principe qui l'y a conduit l'entraîne souvent au-delà. Son intérêt et toute sa politique doivent être de combattre tous les événemens qui tendent à le faire sortir de cette position. La véritable puissance se trouve dans la force tempérée : hors de là tout est écueil. Il est une gloire et une grandeur qui ne s'achètent quelquefois que par trop de malheurs ; les illusions de l'ambition couvrent presque toujours des abîmes.

Il n'y a point d'État plus près de la décadence que celui qui a forcé tous ses ressorts et veut conserver sa domination par la violence.

Un État sorti tout-à-coup de sa sphère ordinaire et parvenu à un haut degré d'élévation, ne se conserve que par les mêmes moyens qu'il s'est élevé : par un grand esprit public, par l'énergie nationale, par le dévouement des citoyens pour leur pays. Otez ces moyens, il retombe sur lui-même ou périt.

Voyez les États qui marchent sans principes et sans maximes, vous croiriez que c'est plutôt le hasard que la sagesse des hommes qui les conduit.

Aucun obstacle, aucun événement n'est prévu, aucune influence calculée, aucune affaire profondément méditée, à l'exception de quelques succès passagers dus à la fortune : tout va se perdre dans l'imprévoyance et l'instabilité.

Aucun peuple n'eut de meilleures maximes dans la paix comme dans la guerre, dans l'intérieur comme à l'extérieur, que les Romains ; leur sagesse ne mouroit jamais, elle se trouvoit toujours à côté de la circonstance imprévue, de l'événement, du danger naissant. Ce fut l'art qui dirigea toutes leurs révolutions à la grandeur de la cité, et rendit ce peuple extraordinaire, supérieur à tous ceux de l'univers alors connu ; leur décadence fut l'époque de l'oubli de ces maximes.

Examinez un peuple ; si les anciennes maximes ou principes qui ont fait sa prospérité y sont suivis, l'État est dans toute sa force ; si on ne les retrouve plus, il penche vers sa chûte.

S'il est une époque où les principes ont une grande autorité sur l'opinion et sur les affaires, et apparoissent dans tout leur éclat, c'est lorsque leur oubli ou leur violation ont entraîné de grands malheurs, et qu'il a fallu en subir encore pour les reconquérir.

Certains hommes ont dans les temps extraordinaires une influence quelquefois plus forte que celle des principes : ce sont les hommes qui ont rendu de grands services à leur pays ; les hommes doués d'un talent supérieur ou d'une vertu éminente ; les hommes persécutés ; les hommes placés à la tête d'une opinion ou d'un parti dominant ; j'allois dire, des hommes qui, durant des temps ou des règnes affreux, furent la terreur des peuples..... mais je leur aurois laissé l'influence du crime.....

Plus les principes s'affoiblissent, s'altèrent chez une nation, plus les hommes qu'elle met à sa tête doivent être grands.

On a vu dans l'antiquité quelques peuples encore grossiers, conduits par de vieilles erreurs et de grands préjugés. Les nations civilisées ne donnent leur confiance et leur obéissance qu'aux principes et aux grandes lumières, ces deux élémens de toute liberté, de toute civilisation perfectionnée.

Les hommes érigèrent des temples à des dieux imaginaires, aux affections morales, aux objets de leurs craintes et de leur amour..... Il n'y auroit peut-être pas autant d'oppression, de révolutions et d'infortunes sur la terre, si les sociétés civilisées eussent fait des lumières et des principes l'objet de leur culte politique.

Gouvernans, Législateurs, que leur emblème sacré soit placé et révéré dans vos conseils et dans vos assemblées, si vous voulez garder la liberté et l'indépendance.

Les peuples les plus forts sur la terre et qui peuvent impunément lever la tête au milieu des orages politiques, ce sont ceux qui font dépendre leur liberté civile et leur indépendance, non d'un traité, d'une alliance ou d'une influence étrangère, mais de la force de leurs institutions ; avant de périr par la corruption ou sous le poids des temps, ces peuples ont bravé vingt fois la hache des conquérans. Les institutions sont, pour ainsi parler, les rochers de l'État de civilisation.

J'ajouterai encore une idée en finissant ces réflexions sur les diverses influences qui pressent sur les nations : il y a eu un fléau politique dans les événemens qui agitent l'Europe depuis trois cents ans ; ce sont les rivalités des grandes puissances. Les coalitions et les ligues ont soulevé bien des tempêtes et produit bien des déchiremens, mais elles ont été des maux passagers. Les puissances rivales ont ensanglanté le continent par leurs armes, l'ont brouillé par leur politique. En enchaînant les peuples et les États à leur ambition, elles les ont précipités vingt fois sur le champ de bataille ; vingt fois elles ont joué leurs destinées au hasard : cet état malheureux n'a pu exister que dans l'absence de tout droit public, le frein des sociétés civilisées vivant entre elles.

L'absence de règles constantes de droit public parmi les puissances, amène les variations de l'opinion ; les variations de l'opinion, celles de la politique ; celles de la politique, la guerre qui brise les constitutions et les États.

Les nations de l'antiquité, dont l'existence étoit fondée sur la guerre, ne connoissoient entre elles que des maximes atroces de droit des gens et de politique : maîtresses chacune sur leur continent, elles se combattoient des trois parties du monde alors connues, avec tout l'acharnement des nations sauvages ; elles ne cessoient de se combattre et de se détruire. *Malheur aux vaincus !* étoit leur fatale devise. Le temple de Janus n'étoit fermé que lorsque tout étoit vaincu ou dans les fers. Cela n'est pas étonnant, elles n'avoient aucun moyen de s'entendre et d'adoucir cette horrible position.

Ce qu'il y a de plus extraordinaire au premier aspect, c'est que des nations dont l'existence est fondée sur les arts et la paisible industrie, presque toutes avec les mêmes mœurs, les mêmes religions, les mêmes intérêts de sûreté, de prospérité et d'indépendance, se fassent la guerre comme des barbares, et qu'elles soient placées entre elles dans l'état de nature, habitant le territoire du monde le plus avancé en civilisation.

Une idée fait frémir l'humanité ; il n'y a pas un Etat, un territoire, une colonie, un point important sur le globe, qui n'ait été l'objet d'une guerre et d'une perte immense d'hommes, parce qu'il n'y a jamais eu de pacte de garantie et de sûreté entre les puissances qui commandent la paix et la guerre, et président les grandes révolutions politiques ; il n'y aura de paix et d'union parmi les nations, que lorsque leurs gouvernemens auront signé ce grand acte : si l'époque présente ne le voit consacrer, il faut désespérer du repos du monde.

Heureusement il est une providence qui tempère cet état affreux, rétablit l'harmonie, veille à la conservation des peuples, les rapproche et les empêche de s'entre-détruire. Ce sont le commerce, les arts et les sciences. Chefs des nations, protégez - les. C'est le plus bel acte du pouvoir, ils sont les plus forts liens des sociétés civilisées.

Les causes que nous venons de décrire dans le cours de cette note, n'influent pas également sur tous les peuples. Leur action se perd, pour ainsi dire, à raison des distances. Hors d'elles sont les peuples isolés des autres par la politique ou la nature.

Moins de civilisation, mais plus d'indépendance ; moins de chances pour s'élever à une grande fortune, mais moins de causes de destruction ; moins d'ambition, mais plus de tranquillité et de durée : tels sont les élémens de l'existence politique de pareils peuples. Les révolutions y sont rares, les causes qui agitent ailleurs jusqu'au fond du peuple, n'en troublent pas même ici la surface. Il y a maintenant sur le globe, il y a eu dans l'antiquité, des nations placées dans cette position. La conquête seule peut les atteindre, elle peut changer leur situation, elle ne change jamais leurs mœurs.

Il n'en est pas ainsi des peuples que la fécondité du sol, la température ou le hasard des événemens ont rassemblés en grandes masses de population sur le même continent. Génie, civilisation, grandes passions politiques, changemens, tout se communique, tout influe. C'est-là que le philosophe et l'homme d'État peuvent se donner en grand le spectacle des choses humaines. Les bienfaits de l'état social s'y montrent à côté des infortunes de la vie politique.

C'est-là qu'on aperçoit sur les corps des nations, l'empreinte des législations, la force des diverses institutions, les traces profondes et sanglantes de l'ambition, l'empire des préjugés, le jeu terrible des préventions et des rivalités nationales, et le choc plus terrible encore des divers intérêts ; que se meuvent les causes variées de la progression, de la grandeur et de la décadence des Etats, les révolutions et les grands changemens de la politique ; et que se réunissent pour agir en sens divers, les grandes influences et les lois auxquelles l'auteur du monde physique paroît avoir soumis le monde politique. Telle est aujourd'hui l'Europe devenue le centre où se pèsent et se décident les intérêts des deux tiers du genre humain. Combien il importe que cette partie du globe soit un jour éclairée de tous les principes et de toutes les lumières de l'art social !

Au milieu de cette lutte continuelle de peuples à peuples, et de cette succession d'événemens et de révolutions dont j'ai retracé les causes, et qui font de l'Europe un État de convulsion où l'on aperçoit à peine quelques périodes de paix, il n'y a qu'un droit positif, reconnu et sanctionné par toutes les puissances, qui puisse présenter un refuge contre tant de malheurs.

Je ne cherchois qu'à faire une note, je suis entré dans un sujet dont le développement pourroit être la matière de plusieurs livres.

(2) Il est des événemens que l'on prévoit et qui n'arrivent pas, mais l'expérience conduit toujours à des calculs assez fondés : il est une vérité souveraine, écrite dans les révolutions des États et gardée comme une grande leçon dans l'histoire ; et pour quiconque examine la face des affaires de l'Europe et leur mouvement, tout semble renouveler aujourd'hui cette vérité ; la puissance et la force voyagent comme les lumières sur la terre. Cette force et cette puissance qui ont illustré pendant tant de siècles les peuples et les gouvernemens du midi de l'Europe, et ont donné des fers et des lois au reste de cette partie du monde, semblent apparoître avec éclat depuis un demi-siècle, dans le Nord, dans les projets des princes qui le gouvernent ; leur système, leurs traités, leur extraordinaire intervention dans les affaires, leur politique, leurs succès, sont le prélude de grands changemens.

Le temps fera peut-être entendre un jour aux gouvernemens, à des Républiques encore mal affermies, des vérités qu'un grand homme ne cessoit de redire devant des monarchies corrompues, devant des peuples amollis par leurs institutions.

Le Nord subjuguera le reste de l'Europe, disoit Rousseau dont le génie éclairoit déja l'avenir, et dont la pensée lisoit dans la foible politique d'alors, les événemens qui se sont déroulés devant nous. Sans doute cette pensée étoit exagérée, sans doute cette révolution contre la civilisation n'arrivera pas; les institutions modernes rendent impossible ces irruptions qui portèrent leurs ravages jusqu'aux mers du Midi : mais les desseins de la dernière coalition, les conquêtes d'une grande puissance; mais sa dernière campagne en Italie, ses agrandissemens successifs vers le Levant et le Midi, doivent avertir la politique des autres puissances.

Les fertiles et riches contrées de cette dernière partie du monde ont toujours été une proie attirante pour les peuples septentrionaux, et trois siècles de dévastation menaceroient peut-être l'Europe imprévoyante.

L'ancienne politique avoit dit à un grand État, tu resteras adossé à tes mers de glace, isolé au milieu de tes déserts. Quand même la coalition ne lui auroit pas ouvert le cœur de l'Europe, le développement successif de sa puissance l'auroit appelé tôt ou tard dans les affaires de l'intérieur du continent; mais cette époque récente, qui a accéléré cette intervention, sera une révolution dans le système diplomatique, en révélant à ce gouvernement le secret de ses forces, l'influence de sa puissance, son poids dans les chances des combats et dans la balance de la politique.

La plus grande faute que puissent faire des Etats belligérans, est d'appeler une grande puissance dans leurs différens; elle les sert un instant, mais elle les renverse et les dévore. Ce danger perdit la Grèce et la livra aux rois de Perse et de Macédoine, ensuite aux Romains.

Les entreprises ne réussissent presque jamais à leur première tentative, ou ne font que se commencer; mais elles ne sont jamais entièrement abandonnées. Les chefs des nations meurent, les grands projets et l'ambition des Etats ne meurent jamais. L'ambition comme la sagesse a ses maximes et ses systèmes : les revers de la fortune ne l'abattent point ; les succès l'irritent. Le système de Rome fut d'avoir le monde ; Carthage, les mers ; Athènes, l'empire de la Grèce ; Charles-Quint et Philippe II, la monarchie universelle. Vingt peuples furent immolés à ces insensés projets. Catherine II n'a pu s'asseoir sur le trône d'Orient; mais la politique a révélé à toute l'Europe ses vastes desseins, et son génie vivra peut-être encore longtemps dans l'ame des maîtres de la Newa et de la mer Noire. Le caractère conciliateur et les principes de modération d'Alexandre Ier, donnent une garantie contre le projet d'une ambition qui cherche l'agrandissement et les conquêtes. Mais les hommes et les temps ne se ressemblent pas ; chaque prince a son génie, chaque siècle ses événemens.

Les révolutions de l'Orient firent jadis refluer chez nous les lumières et les arts créateurs de la puissance européenne. Je ne dirai pas ici ce qui pourroit résulter de l'invasion de l'Orient par les peuples du Nord ; c'est au génie de la diplomatie à élever de puissantes barrières contre les révolutions qui pourroient encore menacer l'Europe, et à sauver les grands Etats des dangers même de leur propre ambition, en fondant la sûreté et les intérêts du continent sur un vaste système de droit public.

(3) Il est une vérité que l'on doit faire retentir sans cesse dans ces cabinets dont la passion enivrante des conquêtes est cause des malheurs du monde; c'est que les grandes dominations finissent toujours par être détruites ou se détruire d'elles-mêmes. La puissance a son terme; celui de son extrême grandeur est l'instant de sa chûte ou de son abaissement. Le gouvernement comme la nature, a ses lois. On peut gouverner un grand Etat dont le territoire et la population sont réunis, dont la langue et les mœurs sont les mêmes. On ne gouverne jamais des peuples à travers des mers, de grands fleuves, des montagnes et des déserts; l'action du commandement n'a point de prise sur des peuples étrangers les uns aux autres de mœurs et de langage, et séparés par des distances immenses : là, la rebellion est toujours à côté de la volonté du gouvernement despotique qui commande, et la liberté prête à briser le joug de l'esclavage. Ces éternels obstacles que la nature semble avoir produits pour sauver les peuples de l'avide tyrannie, ont toujours détruit l'ouvrage des conquérans, arrêté les usurpateurs.

Le vaste empire conquis par la valeur et le génie d'Alexandre, a tombé; quelques peuples rassemblés derrière le Danube et dans les forêts de la Germanie, ont abattu Rome qui avoit englouti l'univers. L'empire de Charlemagne a été détruit après sa mort. Les Portugais, les premiers conquérans des deux Indes, sont réduits aujourd'hui à une province. Charles-Quint a perdu dans un instant l'espérance de régner sur l'un et l'autre hémisphères. Les Espagnols n'ont conservé leurs conquêtes dans le Nouveau-Monde, qu'en détruisant ses habitans, qu'en créant des déserts. Les conquêtes de Charles XII ont fini par ruiner la Suède. Louis XIV, vainqueur, fut ébloui par un moment de gloire ; Louis XIV vaincu, forcé d'abandonner ses projets, pleura sur ses triomphes. Le succès des grandes entreprises n'a souvent qu'un jour ; les revers viennent après les conquêtes ; et les grands empires dont la domination s'étend dans les deux Mondes, peuvent être un jour réduits à quelques provinces et à leur métropole.

(4) La puissance militaire, fédérative et pécuniaire, sont les élémens de la puissance intérieure et extérieure d'un peuple ; mais ces bases risquent de s'écrouler et le peuple de périr. Une guerre longue et malheureuse, de fausses maximes de gouvernement long-temps suivies, peuvent préparer la chûte d'un Etat militaire : des entreprises ruineuses, un projet imprudent, un nouveau système d'économie politique, peuvent ruiner la puissance pécuniaire d'une nation ; les révolutions de la politique, de grands événemens, des intérêts étrangers, des malheurs peuvent changer les rapports d'un Etat, déplacer les alliances et renverser la puissance fédérative. Il n'y a de véritable puissance d'invincibilité et d'indestructibilité que pour le peuple qui ne voit sa liberté et son indépendance que dans la force de ses institutions. C'est à la puis-

sance de leurs institutions, que les peuples libres ont dû la longue durée de leur existence politique et leur antique gloire.

(5) Tout ce qui a eu une pensée en politique et approfondi la cause de la plupart des guerres, a accusé cette science d'intrigue et de perfidie qui a bouleversé le monde depuis plusieurs siècles; et telle a été son influence profonde qu'elle a conduit plusieurs cabinets et plusieurs hommes d'Etat jusqu'à nos jours. Il fut un temps où un ministre se croyoit un grand homme en gouvernant par les moyens des Louis XI, des Alexandre VI, des Borgia, des Mazarin, etc.; et la flatterie a encore décoré du nom d'habileté cet art des troubles, ce talent de la corruption; et les peuples ont quelquefois décerné des éloges et des tombeaux publics à leurs auteurs, tandis que les bienfaiteurs de l'humanité ont manqué souvent d'un asile et qu'aucune larme n'a coulé sur leurs cendres. Nous avons transmis à la postérité une grande gloire nationale et les grands principes qui doivent régir les sociétés humaines. Donnons donc aux nations contemporaines, léguons aux générations futures, l'exemple d'une politique franche et conciliatrice, avare du sang des hommes; introduisons pour l'avenir, la moralité dans ce qu'on appelle la diplomatie, et qu'elle devienne une maxime inébranlable de la République : c'est un service que nous rendrons de plus à la civilisation. C'est en vain que nous aurions pris en face des peuples, le titre de *grande Nation*; il ne suffit pas d'avoir placé ce titre dans la gloire de nos armes, il faut encore le placer

dans nos vertus, autrement ce ne seroit qu'un titre fastueux. Notre révolution ne seroit qu'une explosion éclatante de grandes actions et de crimes, si nous ne transmettions à la postérité les principes sacrés de la justice et de la magnanimité politique ; c'est à ce titre que nous serons appelés grands parmi les peuples. Ah! toute l'admiration, toute la reconnoissance des âges est encore fixée sur les hommes qui, placés à la tête des nations, ont élevé la nature humaine jusques à eux, et ont répandu sur les siècles leurs vertus et les maximes de leur sagesse; tandis que l'histoire a couvert d'une éternelle horreur ceux qui semblent n'avoir eu de puissance que pour le malheur de leurs contemporains, et n'ont légué à la terre ensanglantée par eux, que les tourmens de leur ambition et les forfaits de leur politique!

Que le nom de négociateur célèbre, de véritable grand homme, ne soit donc donné qu'à celui qui aura déployé dans les négociations et dans les cours, le caractère sacré de conciliateur, et aura consolé l'humanité par une justice et une paix éclatante.

(6) Combien n'a-t-il pas fallu dans ces derniers temps, de guerres et de diplomatie pour faire triompher quelques principes de droit public, que l'intérêt d'aucune puissance n'auroit jamais dû méconnoître! N'a-t-il pas fallu une confédération, un combat terrible dans la Baltique, la vie de cinq à six mille hommes, pour décider la seule question du droit des puissances navigatrices neutres? Faut-il donc que les vérités sortent des malheurs même, et apparoissent

toutes sanglantes pour être enfin reconnues et sanctionnées ? et ne doit-on espérer de retour à quelques principes, qu'après qu'ils ont été long-temps tous violés, et que l'on a éprouvé tous les genres d'infortunes qu'entraîne leur violation ? Qui prouve mieux l'absence ou la nécessité d'une loi des nations, que cet état cruel de déchirement ?

Ah ! si de véritables hommes d'Etat mettoient dans leur volonté et dans leur cœur le projet d'évoquer du sein de la confusion où est notre droit public, les principes tutélaires de la propriété, de l'indépendance et de l'industrie des nations; de laisser aux temps barbares ce qui leur appartient, et de recueillir les maximes qui sont en harmonie avec notre état de civilisation et notre ordre politique; de présenter à la sanction de l'opinion et des puissances ce code qu'ils auroient ainsi rédigé, éclairés de toutes les lumières et de toutes les erreurs des siècles passés, quel travail utile ! quel bienfait immense ils auroient la gloire de laisser aux peuples ! Mon opinion se présente ici forte de toutes les vérités que fait éclater le temps présent. Les traités que le Gouvernement français vient de faire avec plusieurs puissances, ont consacré solennellement en face de l'Europe, des principes qu'invoquoient en vain depuis un siècle une politique libérale, et l'intérêt des peuples navigateurs et commerçans. Seroit-il donc impossible de remonter à des principes non moins sacrés, non moins précieux à la prospérité et à la tranquillité communes; principes dont l'ignorance, le malheur des siècles et les divisions des gouvernemens, ont étouffé ou retardé l'examen, la publicité et la sanction ?

Il existe, dira-t-on, un droit des gens dans les livres des publicistes et dans les traités des nations..... Il existe dans les livres des règles générales sur les rapports des nations entre elles, des causes particulières dans les traités de puissance à puissance, mais non un ensemble de droit positif, appliqué à la situation politique de l'Europe et aux changemens que la révolution et la civilisation y ont introduits. les Grotius, les Puffendorff, les Vattel, les Burlemagni, sont sans doute des hommes très-respectables, l'humanité leur doit d'avoir arrêté, adouci souvent les horreurs de la guerre; mais ils forment avec le cortége de leurs commentateurs, une bibliothèque que les puissances qui ont envie de se battre n'ont jamais le temps de consulter pour éclaircir leurs prétentions; mais au milieu des principes sacrés de la raison et de la nature qu'ils nous ont transmis, ils ont transformé quelquefois en doctrine les erreurs des siècles qui les ont précédés; mais ils ignoroient nos événemens, nos révolutions, nos grands intérêts nouveaux. Ils n'ont pu poser des règles pour des temps qu'ils ne connoissoient pas, et celles qu'ils ont posées ne forment point un corps de droit public avec force de loi parmi les puissances; mais elles ne sont sanctionnées que par la raison seule qui est rarement une autorité pour les passions; elles ne sont pas également reconnues et gravées dans les cabinets où se délibère le sort des peuples.

C'est à la suite des maux qui environnent la vie politique des nations que le temps amène toutes les vérités qui les éclairent et les soulagent. C'est peut-être lorsque les peuples et les gouvernemens ont horriblement souffert des maux de la guerre, qu'ils retournent avec ardeur à cette libéralité de principes autour desquels l'aveugle fureur de leurs sanglans débats et l'exaspération des haines nationales les ont empêchés de se rallier. C'est lorsqu'on sent par-tout le besoin de se rapprocher ; c'est lorsque l'âge présent voit à la tête des nations beaucoup de princes sages, beaucoup d'hommes d'Etat éclairés, qu'une bienveillance générale anime tous les gouvernemens ; lorsque ce sentiment généreux est dans une espèce de fusion : c'est alors que la politique doit chercher à le consolider, à lui donner une forme inaltérable ; c'est alors qu'elle doit saisir le moment de jeter les fondemens d'un droit général et positif des nations. Déja les événemens en ont fait triompher les premiers principes, des traités solennels viennent d'en consacrer les premières bases, et l'assentiment général applaudit par-tout à leur libéralité : tout nous fait espérer dans le moment où nous traçons ces lignes, que l'intérêt et la raison des peuples sanctionneront un jour tous les principes conservateurs de leur existence politique, et que les vœux que nous formons ici seront un jour réalisés.

(7) La politique, les passions des hommes attachés aux gouvernans, ont relégué jusqu'ici parmi les chimères les idées dont un grand prince avoit commencé l'exécution, et dont deux philosophes avoient rédigé la théorie ; mais telle est, tôt ou tard, l'influence des grandes pensées que l'humanité inspire au

génie, que lors même qu'elles sont inexécutables, elles jettent de grandes lumières devant ceux qui méditent le bonheur des hommes, et ont confié au temps des vérités et des vues qui peuvent se réaliser un jour.

Saint-Pierre et Rousseau ont écrit pour des gouvernemens et des peuples sans passions : l'exécution de leur système seroit en politique un miracle que l'homme d'État ne doit point espérer de voir. Les projets philanthropiques ne sont que les monumens de la gloire de ceux qui les ont conçus, et font le malheur des nations trop confiantes ; le philosophe écrit, l'ambition dévaste. L'Europe a été ravagée quatre fois, et des générations sont tombées sur les champs de bataille ; dix États ont été envahis depuis que l'abbé de Saint-Pierre a écrit son projet de paix perpétuelle, depuis qu'un autre grand homme a voulu le persuader aux chefs des peuples.

Je ne viendrai pas comme eux proposer aux puissances de licencier leurs armées, de détruire leurs arsenaux et leurs forteresses, et de remplacer par un arbitrage de souverains tous les moyens de défense de l'indépendance et de la liberté des nations. L'indépendance et la liberté des peuples sont des objets trop chers pour les confier au hasard et au caprice des jugemens des hommes. Il n'y a de peuples libres sur la terre que ceux qui s'endorment et se réveillent armés.

Je m'arrête donc à ce qui est possible, dans les idées qui nous ont été révélées par Henri IV et Saint-Pierre, sous les rapports de l'exécution. Cette possibilité, je la trouve dans un système de confédération et de droit public institué pour garantir les droits des puissances : système qui faisoit le fond du projet de paix perpétuelle. Déja Henri IV avoit sérieusement occupé de son projet tous les cabinets de l'Europe ; et c'est une chose remarquable que la puissance que toutes les voix de l'opinion ont accusée depuis de perpétuer la guerre pour s'enrichir, avoit adopté la première, et avec le plus de chaleur, les idées de ce prince qui eût sauvé l'Europe des crises sanglantes qui l'ont agitée depuis deux siècles, s'il eût pu consommer son ouvrage : et cependant le système qu'il présentoit alors rencontroit, dans la situation de cette partie du monde pour le mode d'exécution, plus d'obstacles qu'il n'en pourroit trouver aujourd'hui. Il s'agissoit alors de déplacer des bornes, de reculer des limites, de poser de nouvelles démarcations géographiques, de faire la guerre à une grande puissance qui faisoit craindre la monarchie universelle, d'établir entre les États une égalité chimérique, de remuer l'Europe avant de lui rendre le calme : il ne s'agiroit aujourd'hui que de consolider et rassurer chaque État dans sa possession et ses droits. L'Europe, sortie de ses longues et sanglantes agitations, ne soupire plus qu'après la tranquillité et la concorde ; combien sa situation présente seroit favorable à l'adoption d'un projet qui la feroit jouir de cet état prospère, et sur-tout à une époque où l'état de civilisation, le développement des facultés industrielles, offrent partout tant d'intérêts à défendre, tant d'industries à protéger, et font à l'Europe un besoin si impérieux de la paix!

Mais, peut-on dire, comment espérer de rallier à un système de confédération tant de puissances que tant d'intérêts, tant d'opinions, tant de rivalités nationales divisent encore ? Je répondrai : L'exemple de quatre grandes puissances ralliées à un système de droit public, et de confédération fondée sur l'intérêt général et sur le besoin des gouvernemens, doit nécessairement entraîner tous les États subalternes qui ont le plus à redouter les bouleversemens politiques. On peut dire encore, comment pouvez-vous espérer de tenir toujours attachés à un système de confédération tous les États qui auront d'abord concouru à le former ? N'avez-vous pas à craindre que quelque État, séduit, entraîné par une grande ambition, ne tente quelque jour de le renverser ? Je répondrai : Il n'est donné à aucun établissement civil ou politique d'être toujours durable ; tôt ou tard il faut qu'il périsse : mais il faut s'attacher à tout ce qui a été sanctionné dans les siècles par l'expérience et la durée. Si quelque puissance tentoit de porter atteinte à un système de pacification qu'elle auroit solennellement adopté, combien ne paroîtroit pas odieuse son ambition, révoltante la guerre qu'elle oseroit déclarer à tous les membres de la confédération ! C'est alors que la confédération deviendroit un point de ralliement autour duquel se réuniroient tous les États neutres : c'est alors que la supériorité de la force se trouveroit du côté de la raison ; la raison seroit dans tous les intérêts des puissances qui auroient à craindre de voir leur existence politique sacrifiée, l'énergie dans toutes pour défendre leurs droits et leur indépendance menacés. Encore une fois, c'est dans les grandes idées qui ont eu l'assentiment et l'épreuve des siècles que l'homme d'État doit placer sa confiance et chercher les moyens d'améliorer la destinée des peuples. La seule garantie de leurs droits et l'espérance d'une paix durable est donc dans un système de confédération et de droit public consenti par toutes les puissances pour protéger leur indépendance.

Les confédérations ont pris naissance dans un grand principe social, dans un système de conservation ; elles ont rendu les guerres plus rares par-tout où la politique a fondé ces grandes institutions de peuples à peuples. Il ne faut ordinairement que le plus léger différent pour engager la guerre de puissance à puissance. L'espoir de la victoire ou le succès d'un grand dessein les portent mutuellement sur le champ de bataille, et la guerre qui se rallume appelle bientôt leurs alliés dans leur cause. L'ambition ou les haines d'État ébranlent, irritent moins les confédérations. Il n'y a qu'un grand intérêt qui puisse pour elles motiver la guerre : un intérêt léger les trouve immobiles. Avant de les entraîner aux combats, il faut armer trop de monde, persuader trop d'intérêts, faire mouvoir trop de masses ; et les chances des événemens sont trop à redouter pour les belligérans, parce que dans un grand conflit tous sont forcés à de grands sacrifices, et il y a toujours quelque État qui est exposé à perdre son existence politique. L'Europe ne peut être tranquille que lorsqu'elle sera formée en confédération défensive, armée pour son indépendance. Ce furent ces institutions qui retardèrent de trois siècles l'invasion de la Grèce, qui ne devint la conquête des Romains qu'après la destruction de la ligue achéenne ; ce furent elles qui, dans d'autres temps, firent trembler les vainqueurs et les tyrans du monde, devant quelques peuples confédérés derrière le Danube. C'est sur les bases que je viens de développer, qu'est fondée la pacification de l'Europe, et toutes les puissances doivent concourir aux actes de la politique qui doit les consacrer.

www.ingramcontent.com/pod-product-compliance
Lightning Source LLC
LaVergne TN
LVHW050648090426
835512LV00007B/1089